锤炼
CHUI LIAN

董振华◎主编

国家行政学院出版社
·北京·

图书在版编目（CIP）数据

锤炼 / 董振华主编 . —北京 : 国家行政学院出版社，
2022.3

ISBN 978-7-5150-2666-4

Ⅰ . ①锤⋯ Ⅱ . ①董⋯ Ⅲ . ①中国共产党—党员—思
想政治教育—学习参考资料 Ⅳ . ① D261.4

中国版本图书馆 CIP 数据核字（2022）第 039683 号

书　　名	锤炼	
	CHUILIAN	
作　　者	董振华　主编	
责任编辑	刘韫劼	
出版发行	国家行政学院出版社	
	（北京市海淀区长春桥路 6 号　100089）	
综 合 办	（010）68928887	
发 行 部	（010）68928866	
印　　刷	北京盛通印刷股份有限公司	
版　　次	2022 年 4 月第 1 版	
印　　次	2022 年 4 月第 1 次印刷	
开　　本	170 毫米 × 240 毫米　16 开	
印　　张	12.5	
字　　数	139 千字	
定　　价	48.00 元	

本书如有印装质量问题，可随时调换，联系电话：（010）68929022

目录

CONTENTS

CONTENTS

引 言
坚定理想信念 留下无悔足迹

2021年，我们隆重庆祝建党100周年，胜利实现第一个百年奋斗目标，开启了迈向全面建设社会主义现代化国家的新征程。新的历史方位，新的时代坐标，呼唤新的使命担当。广大党员干部要更加坚定理想信念、不断提升本领、坚持知行合一，锤炼对党忠诚的政治品格、清正廉洁的为政之德、求真务实的实干精神、堪当大任的素质能力、无私无畏的胸怀格局、人民至上的价值立场，以"功成不必在我"的精神境界和"功成必定有我"的历史担当，在实现第二个百年奋斗目标、实现中华民族伟大复兴中国梦的新征程上留下无悔的奋斗足迹。

一、只有坚定理想信念，才能始终不忘初心

中国共产党人的信仰是马克思主义，即为人民谋解放和幸福，这是我们共产党人的精神家园，也是我们始终不能忘记的初心。党员干部只有坚定理想信念，才能坚信中国特色社会主义是造福人民的必由之路，才能坚信中国特色社会主义运动和实践就是为人民谋幸福的"行道"之途，才能始终不忘初心。

马克思的思想虽然经历了多次革命和转折，但是造福人类的价值初心始终没有改变过。1835年马克思中学毕业时的一篇作文——《青年在选择职业时的考虑》，就用铁一样的逻辑论证了这一崇高理想，也就为此后的共产党人指明了具有真理力量和道义力量的理性信仰。他首先从人和动物的本质区别这一哲学追问开始，指出了人生的意义所在："自然本身给动物规定了它应该遵循的活动范围，动物也就安分地在这个范围内活动，而不试图越出这个范围，甚至不考虑有其他范围存在。神也给人指定了共同的目标——使人类和他自己趋于高尚。"也就是说，动物的生命是出于本能的，是由自然基因所规定的必然性，这和植物的向光性并没有本质区别，都是刺激应激反应而已，并不赋予生命以任何意义和价值；而人的生命是不一样的，人只有在超越本能而活动的时候才是真正人的存在，即超越自然的必然性而走向自由，人不仅是作为生物而活着，更是要活出意义和价值来——要使人类和他自己趋于高尚。

如何选择适合自己的职业而实现这一价值，马克思给出了判断的标准："在选择职业时，我们应该遵循的主要指针是人类的幸福和我们自身的完美。""人只有为同时代人的完美、为他们的幸福而工作，自己才能达到完美。如果一个人只为自己劳动，他也许能够成为著名的学者、伟大的哲人、卓越的诗人，然而他永远不能成为完美的、真正伟大的人物。"也就是说，每个人自身的生命意义和价值，只有在别人的身上才能得以体现和实现。如果选择了最能为人类福利而劳动的职业，那么这个人的生命意义和价值就不是在个别人的身上得以实现和体现，而是在整个人类身上得以实现和体现，那么这个人的生命存在才可以得到人们的尊重。只有被人们尊重的生命才是有尊严的生命，只有尊严的生命过程才是精彩的、灿烂的和伟大的。

共产党人正是基于这样的核心价值追求，在为人民利益不懈奋斗的革命实践中，不断完成着自己的生命意义。中国特色社会主义就是伟大的中国共产党人在为中国人民谋幸福的过程中，带领中国人民历经千辛万苦和各种挫折，持续探索和不断奋斗开辟出来的，是造福中国人民的必然选择。只有坚定了中国特色社会主义的理想信念，各级党员干部才能够在现实的工作中不断坚定马克思主义的信仰，实现共产党人使命的意义和价值，坚守住共产党人的精神家园。

二、只有坚定理想信念，才能永远牢记使命

党的十九大报告指出："实现中华民族伟大复兴是近代以来中华民族最伟大的梦想。中国共产党一经成立，就把实现共产主义作为党的最高理想和最终目标，义无反顾肩负起实现中华民族伟大复兴的历史使命，团结带领人民进行了艰苦卓绝的斗争，谱写了气吞山河的壮丽史诗。"中国共产党自诞生之日起，就肩负起了起了实现民族复兴这一神圣伟大的历史使命，历经革命、建设和改革，终于开辟了中国特色社会主义理论，走出了中国特色社会主义道路，开创了中国特色社会主义制度，坚持和发展了中国特色社会主义文化，我们也就因此前所未有地接近中华民族伟大复兴的中国梦。

近代以来，面对列强的一次次入侵和压迫，历经苦难的中国人

民对民族独立、国强民富的渴望从来没有停止过，救亡图存、追求民族独立的不懈奋斗从来没有止步过，实现民族伟大复兴的梦想从来没有熄灭过。农民阶级的"天国梦"、地主阶级的"洋务梦"、资产阶级的"维新梦"和"共和梦"都试过了，始终因为没有坚强有力而又先进的革命政党的领导而告以失败。正如毛泽东在《历史唯心主义的破产》一文中所指出的："从一八四〇年的鸦片战争到一九一九年的五四运动的前夜，共计七十多年中，中国人没有什么思想武器可以抵御帝国主义。旧的顽固的封建主义的思想武器打了败仗，抵不住，宣告破产了。不得已，中国人被迫从帝国主义的老家即西方资产阶级革命时代的武器库中学来了进化论、天赋人权论和资产阶级共和国等项思想武器和政治方案，组织过政党，举行过革命，以为可以外御列强，内建民国。但是这些东西也和封建主义的思想武器一样，软弱得很，又是抵不住了，败下阵来，宣告破产了。""一九一七年的俄国革命唤醒了中国人，中国人学得了一样新的东西，这就是马克思列宁主义。……从此以后，中国改换了方向。"

十月革命一声炮响，给我们送来了马克思列宁主义，也带来了中国共产党的伟大诞生。中国共产党自诞生之日起就接过"振兴中华"的旗帜，担负起实现中华民族伟大复兴的历史使命和伟大梦想，民族独立与国强民富的梦想从此呈现新曙光。中国共产党在血与火的严峻考验中，开辟了中国的革命道路，取得了新民主主义革命的胜利，实现了民族独立和人民解放的梦想，揭开了中华民族走向国家繁荣富强、人民共同富裕的崭新篇章。在新中国成立后的70多年里，中国经历了对社会主义的艰辛探索，历经百转千回，终于找到了中国特色社会主义道路，不断丰富和完善了国家富强、民族振兴、人民幸福的时代主题和本质内涵，展现出新的光明前景。习近平总书记在十八届中央政治局常委同中外记者见面时说："我们的责任，就是要团结带领全党全国各族人民，接过历史的接力棒，继续为实现中华民族伟大复兴而努力奋斗，使中华民族更加坚强有力地自立于世界民族之林，为人类作出新的更大的贡献。"全党同志尤其是各级党员干部，只有坚定理想信念，才能心无旁骛地领导人民沿着中国特色社会主义道路进行前无古人的中国社会主义现代化建设，也必将更好担负起历史使命，从而迎来一个梦想成真的时代。

三、只有坚定理想信念，才能保持战略定力

习近平总书记在庆祝中国共产党成立95周年大会上的讲话中指出："全党同志必须牢记，我们要建设的是中国特色社会主义，而不是其他什么主义。历史没有终结，也不可能被终结。中国特色社会主义是不是好，要看事实，要看中国人民的判断，而不是看那些戴着有色眼镜的人的主观臆断。中国共产党人和中国人民完全有信心为人类对更好社会制度的探索提供中国方案。"新中国成立70多年尤其是改革开放40多年以来的历史和实践证明，中国特色社会主义理论是正确的，中国特色社会主义道路是成功的，中国特色社会主义制度是优越的，中国特色社会主义文化是先进的。

党的十一届三中全会以来，我们党带领和团结全国各族人民，坚持用发展着的马克思主义指导中国改革与发展实践，既不走封闭

僵化的老路，也不走改旗易帜的邪路，坚定不移走中国特色社会主义道路，我国的综合国力、科技实力、国防实力、国际影响力不断增强，贫困人口大幅减少，人民生活水平大幅度提升，只用了40年的时间就创造了伟大的"中国奇迹"。我们所取得的成就，不仅令国人骄傲和自豪，也令世界关注和瞩目，这是整个世界有目共睹的事实，不容否认也否认不了。这些伟大成就的取得，难道不是中国特色社会主义制度的优势和文化的优势所产生的必然结果吗？！正如邓小平所指出的，"只搞经济体制改革，不搞政治体制改革，经济体制改革也搞不通"。生产力和生产关系、经济基础和上层建筑，即经济、政治和文化从来都不可能独立而存在的。如果没有政治和文化的因素，缺少制度保障和精神力量，又怎么可能创造如此巨大的经济奇迹呢！可见，那种认为"中国政治建设滞后于经济建设""文化进步落后于经济发展"等观点是根本站不住脚的。中国共产党人和中国人民在长期的革命、建设和改革的创新实践中，走出了一条中国特色社会主义道路，形成了举世瞩目的中国模式和中国经验，蕴含着丰富的中国精神和中国智慧，必将为中国未来发展和世界共同繁荣提供中国方案和新的选择，从而具有历史意义和世界意义。

正是在中国特色社会主义理论、道路、制度和文化的协调发展与共同进步中，中国特色社会主义才不断彰显着真理的力量和道义的力量，不断凸显着理论的优势、道路的优势、制度的优势和文化的优势。改革开放以来的实践无可辩驳地证明，中国特色社会主义是当代中国发展进步的根本方向，只有中国特色社会主义才能发展中国。在新的历史起点上，我们党要团结带领人民全面建设社会主义现代化国家，实现中华民族伟大复兴，最根本的就是要一以贯之地高举中国特色社会主义伟大旗帜，坚持和完善中国特色社会主义制度。正如习近平总书记所说的："'鞋子合不合脚，自己穿着才知道'。一个国家的发展道路合不合适，只有这个国家的人民才最有发言权。"因此，在坚持和发展中国特色社会主义这个问题上，我们必须增强理论自信和战略定力，真正做到"乱云飞渡仍从容，咬定青山不放松"，"千磨万击还坚劲，任尔东西南北风"。

四、只有坚定理想信念，才能功成不必在我

辩证唯物论要求我们实事求是，一切从实际出发。习近平总书记指出，实事求是，是马克思主义的根本观点，是中国共产党人认识世界、改造世界的根本要求，是我们党的基本思想方法、工作方法、领导方法。不论过去、现在和将来，我们都要坚持一切从实际出发，理论联系实际，在实践中检验真理和发展真理。坚持实事求是，就要深入实际了解事物的本来面貌，要透过现象看本质，从零乱的现象中发现事物内部存在的必然联系，从客观事物存在和发展规律出发在实践中按照客观规律办事。

"功成不必在我"告诫我们，共产党人创造政绩必须尊重客观规律、按客观规律办事，实事求是，一切从实际出发，不可急功近利，拔苗助长；更不能违背客观规律，不顾客观实际，搞形式主义，大搞劳民伤财的政绩工程，表面上政绩显赫，实则难以善终，提防发展"大手笔"最终变成"大败笔"；要做为后人作铺垫、打基础、利

长远的好事，才能创造出经得起实践检验、人民检验和历史检验的政绩。

唯物辩证法告诉我们，事物的联系不仅存在前因后果，而且是作为一个整体而存在和发展的。这就要求我们做事情要重视并善于从整体、大局和长远上考虑问题，在工作中坚决做到着眼大局、把握大局、服从大局、服务大局、服从长远。古人云："不谋万世者，不足谋一时；不谋全局者，不足谋一域。"正如习近平同志在《福州市20年经济社会发展战略设想》所作的序言中指出的，改革开放是一项长期、艰巨、复杂的事业，在其发展进程中，许多重大问题要从长计议、慎于决策。历史的经验和教训告诉我们，一个地方的建设，如果没有长远的规划，往往会导致建设过程中产生严重的失误，甚至留下永久的遗憾。在福建工作期间，习近平就一再强调既要脚踏实地，又要高瞻远瞩。他极为重视战略规划对推动区域发展的引领作用，强调要"一张蓝图绘到底"，"一茬接着一茬干"。

作为领导者，既要立足当前，又要着眼长远，甘做铺垫工作，甘抓未成之事。只有牢固树立"功成不必在我"的理念，才能够自觉站在党和国家事业的大局上想问题、办事情。只有看问题的高度和角度不同、境界和格局不同，才能够胸怀大局，登高望远，明事理、辨是非，知责任、敢担当，跳出地方、部门利益的羁绊，始终以党的事业为重、以百姓之心为心，做到局部利益服从整体利益，小道理服从大道理，增强政治敏锐性和政治鉴别力，自觉在思想上政治上行动上同以习近平同志为核心的党中央保持高度一致，自觉维护党中央权威和集中统一领导，在意识形态问题上站稳立场，敢于担当、恪尽职守，协同配合、攻坚克难，确保中央政令畅通、决策落地生根。

五、只有坚定理想信念，才能功成必定有我

实践的观点是马克思主义哲学首要的、基本的观点，科学的实践观赋予了马克思主义哲学彻底的革命性。习近平总书记指出，世界上没有坐享其成的好事，要幸福就要奋斗。实现中华民族伟大复兴是一项光荣而艰巨的事业，需要一代又一代中国人共同为之努力。空谈误国，实干兴邦。"功成不必在我"的政绩观就是要求我们各级领导干部发扬钉钉子的精神，坚持一张蓝图绘到底，坚持"一分部署，九分落实"，撸起袖子加油干，不折腾、不反复，切实把工作落到实处，做出经得起实践、人民、历史检验的实绩。

习近平总书记反复强调，我们要牢记一个道理，政贵有恒。为官一方，为政一时，当然要大胆开展工作、锐意进取，同时也要保持工作的稳定性和连续性。习近平总书记表示，要抓实、再抓实，不抓实，再好的蓝图只能是一纸空文，再近的目标只能是镜花水月。各级领导干部要以踏石留印、抓铁有痕的劲头，切实干出成效来，做到言必信、行必果。任务一经确定，就要一步一个脚印、稳扎稳打向前走，不断积小胜为大胜，结合新的实际，用新的思路、新的举措，脚踏实地把既定的科学目标、好的工作蓝图逐步变为现实。

各级领导干部要有"功成不必在我"的思想境界，始终坚持为人民谋利益的政绩观，要从战略全局高度，谋长远之策，行固本之举，正确处理大我和小我的关系，长远利益、根本利益和个人抱负、

个人利益的关系，多做打基础、利长远的事，不搞脱离实际的盲目攀比，不搞劳民伤财的"形象工程"和"政绩工程"，真正做到对历史和人民负责。只有沉下心来，坚定"功成不必在我"的信念，立足当下、着眼长远，不务虚名、兢兢业业、真抓实干，才能交出让人民满意的新时代答卷。只要我们党永远同人民站在一起，我们14亿多人民和衷共济，大家撸起袖子加油干，把我们国家建设好，把我们民族发展好，我们就一定能够走好我们这一代人的长征路。

第一章

锤炼对党忠诚的政治品格
筑牢理想信念根基

理想信念是立党兴党之基，也是党员干部安身立命之本。党员干部只有胸怀天下、志存高远，不忘初心使命，把人生理想融入党和人民事业之中，把为人民幸福而奋斗作为自己最大的幸福，才能拥有高尚的、充实的人生。

习近平总书记在庆祝中国共产党成立 100 周年大会上的讲话中发出号召："全体中国共产党员！党中央号召你们，牢记初心使命，坚定理想信念，践行党的宗旨，永远保持同人民群众的血肉联系，始终同人民想在一起、干在一起，风雨同舟、同甘共苦，继续为实现人民对美好生活的向往不懈努力，努力为党和人民争取更大光荣！"①理想信念是中国共产党的立党兴党之基，理想信念是共产党员安身立命之本，具备坚定的理想信念并为实现理想信念始终不渝地奋斗是共产党人与众不同的鲜明表现。对党员干部加强理想信念教育，是新时代推进党的建设伟大工程的必然要求，有利于广大党员干部凝聚共识，加强党的团结统一，提高全党的战斗力。我们要务必重视党员干部的理想信念，不断用马克思主义的理想信念武装头脑，并转化为变革现实的强大力量。

一、理想信念是立党兴党之基

习近平总书记在讲话中强调："世界社会主义实践的曲折历程告诉我们，马克思主义政党一旦放弃马克思主义信仰、社会主义和共产主义信念，就会土崩瓦解。"②这就要求我们作为共产党人，必须坚定理想信念，坚持正确方向。人无精神则不立，国无精神则不强。100 年来，中国共产党之所以能够由小到大、由弱到强，团结和带

---

① 习近平：《在庆祝中国共产党成立 100 周年大会上的讲话》（2021 年 7 月 1 日），人民出版社 2021 年版，第 22 页。

② 习近平：《在全国党校工作会议上的讲话》（2015 年 12 月 11 日），人民出版社 2016 年版，第 7 页。

领中国人民不断创造历史伟业，深刻改变了近代以后中华民族发展的方向和进程，深刻改变了中国人民和中华民族的前途和命运，深刻改变了世界发展的趋势和格局，是因为我们党在长期奋斗实践中始终坚定理想信念，怀揣远大梦想，坚持真理和坚守理想；正是有坚定的理想信念，我们才能在一穷二白的基础上带领中国人民迎来从站起来到富起来再到强起来的伟大飞跃；正是有坚定的理想信念，我们才能不断战胜前进道路上的各种艰难险阻，不断朝着中华民族伟大复兴的伟大目标奋勇前进。

坚定马克思主义的信仰，就是要做马克思主义的坚定信仰者和忠实实践者

马克思主义是科学的真理，是我们认识问题、分析问题、解决问题的重要法宝，是我们党实现各项事业成功的强大思想武器和精神动力。一直以来，中国共产党人始终坚持用马克思主义科学真理来武装全党，不断推进马克思主义中国化、大众化、时代化，以指导革命和改革发展实践。有了科学理论武装头脑，有了强大思想支撑灵魂，我们才能一往无前、勇攀高峰。

1921年7月，以马克思主义为指导思想、以共产主义为奋斗目标的政党——中国共产党诞生了，她胸怀信念、嘱托和梦想，在上海石库门的旭日里、在嘉兴南湖的碧波中毅然起航。习近平总书记在纪念马克思诞辰200周年大会上的讲话中指出："马克思主义为中国革命、建设、改革提供了强大思想武器，使中国这个古老的东方大国创造了人类历史上前所未有的发展奇迹。历史和人民选择马克思主义是完全正确的，中国共产党把马克思主义写在自己的旗帜上是完全正确的，坚持马克思主义基本原理同中国具体实际相结合、不断推进马克思主义中国化时代化是完全正确的！"①中国共产党自成立以来，之所以能够团结带领中国人民实现革命、建设和改革的胜利，开辟中国特色社会主义的新时代，一个重要原因就在于我们党实现了马克思主义普遍真理与中国具体实际的有机结合，持之以恒推进马克思主义中国化，使得马克思主义的科学理论在当代中国不断焕发出旺盛的活力和强大生命力。

习近平总书记指出："中国共产党是用马克思主义武装起来的政党，马克思主义是中国共产党人理想信念的灵魂。"②马克思主义是被实践证明了的科学的理论，它以实现人类解放和人的全面自由发展为崇高价值追求，这一理论的创始人马克思通过创建唯物史观和剩余价值学说，创造性地揭示了人类社会发展的一般规律，并在实践基础上指明了实现共产主义的现实途径。中国共产党始终坚持思想建党、理论强党，始终把马克思主义作为自己的强大思想武器，通过不断地学习和运用，从而提高理论与实际相结合的能力。与此同时，中国共产党十分注重理论创新和与时俱进，我们党自诞生以来，不断推进马克思主义中国化进程，形成了毛泽东思想、邓小平理论、"三个代表"重要思想、科学发展观和习近平新时代中国特色社会主义思想，这是对马克思列宁主义的继承和发展，是党和人民集体智慧的结晶，具有鲜明的时代性和先进性。

---

① 习近平：《在纪念马克思诞辰200周年大会上的讲话》（2018年5月4日），人民出版社2018年版，第14—15页。
② 同上，第24页。

理论上清醒，政治上才能坚定。坚定的理想信念，必须建立在对马克思主义的深刻理解之上，建立在对历史规律的深刻把握之上。中国共产党之所以能够完成近代以来各种政治力量不可能完成的艰巨任务，就在于始终把马克思主义这一科学理论作为自己的行动指南，并坚持在实践中不断丰富和发展马克思主义。我们党始终坚持以唯物史观洞察历史大势、顺应历史潮流、把握历史主动，针对不同的历史任务以唯物辩证的科学精神、无私无畏的博大胸怀领导和推动中国革命、建设、改革，在胜利和顺境时不骄傲不急躁，在困难和逆境时不消沉不动摇，不断带领人民创造历史伟业，充分彰显着马克思主义的真理力量。新的征程上，我们必须坚持把马克思主义基本原理同中国具体实际相结合、同中华优秀传统文化相结合，继续发展当代中国马克思主义、21世纪马克思主义！

坚定中国特色社会主义信念，必须坚持和发展中国特色社会主义

理想信念是我们中国共产党人的精神支柱，是坚持和发展中国特色社会主义的精神力量。十月革命的炮火，给中国送来了马克思列宁主义，为中国革命指明了目标，带来了方法，成为我们党夺取各项事业成功的思想武器。正是在马克思主义的指导下，我们党在理论创新中不断推进马克思主义中国化，为党和人民的事业提供了科学的理论指导，带领中华民族从民族独立、人民解放走向了国家富强、人民富裕，成功开辟中国特色社会主义道路，不断推进中国特色社会主义事业的新境界向前发展。只有坚持马克思主义的理想信念，中国共产党人才能在实践中经受住考验，战胜前进路上的艰难险阻，确保中国特色社会主义事业的健康发展。中国特色社会主义制度的确立和发展充分闪耀着马克思主义的光芒，充分彰显了我们党的指导思想，因而具有了确保国家始终沿着社会主义方向前进的显著优势。

坚定中国特色社会主义信念，就是要坚持共产主义最高理想与中国特色社会主义共同理想的有机统一，既要树立共产主义远大理想，又要循序渐进地为中国特色社会主义事业贡献力量。中国特色社会主义不是从天上掉下来的，是党和人民历尽千辛万苦、付出巨大代价取得的根本成就。历史和现实昭示我们，只有社会主义才能救中国，只有中国特色社会主义才能发展中国。

实现马克思主义的核心价值追求必须坚持社会主义道路。社会主义正是对资本逻辑的扬弃、对资本主义的拨乱反正。所谓社会主义，就是把社会的整体利益和理性价值作为核心价值追求。如果制度理念、制度安排和制度设计是围绕让社会整体利益得到有效满足而提供充分的制度保障，这样的制度就是社会主义制度，这样的社会就是社会主义社会，这样的文化就是社会主义文化。

马克思主义和社会主义的关系就是"道器不离"：马克思主义是灵魂，社会主义是载体；马克思主义是价值追求，社会主义是价值实现方式；马克思主义是"道"，社会主义是"器"。如果马克思主义离开了社会主义，它只能成为空想，只能成为空中楼阁；如果社会主义没有了马克思主义，就会丢魂，就会走邪路。

由此可以看出一个清晰的逻辑，马克思主义无论有多少个理论形态，它的"道"只有一个，而实现马克思主义价值追求，即"行道"的方式可以有很多，也就是说，社会主义的具体模式可以有多个。苏联解体和东欧剧变并不能说明社会主义的失败，更不能说明马克思主义的失败，只能说明苏联模式具体路径的失败。同样的道理，中国特色社会主义的成功，说明每个国家、每个民族可以而且必须根据自己的文化传统、历史条件、面对的课题和任务、人民的需要和要求，选择适合自己的造福人民的具体道路。中国特色社会主义道路本身也不是一成不变的，而是随着时代转换不断完善和发展的。

中国特色社会主义就是实现造福人民的马克思主义价值追求的中国道路。中国特色社会主义是立足于我国所处的社会主义初级阶段的基本国情走出来的，坚定中国特色社会主义道路自信是坚持共产主义远大理想的现实体现。中国道路具有鲜明的未来指向，指引着我们不断超越现存，立足于现实而向往未来。新时代中国特色社会主义就是21世纪中国马克思主义的价值实现形态，就是造福人民的具体实践和现实运动。正是基于对中国特色社会主义的自信和价值认同，我们把全国十几亿人的力量凝聚起来，为中华民族伟大复兴的中国梦而共同奋斗，带领人民不断创造"中国奇迹"，不断创造美好生活。

共产主义信念是中国共产党人的最高理想和最终目标，是中国共产党人的根本信仰

中国共产党人之所以具备强大的信仰力量，就是因为对共产主义的信仰是真信而不是迷信。信仰有"迷信"和"真信"之分：所谓"迷信"，是指未经反思和检验的信仰，这种信仰往往是从抽象的原则出发，采用唯理论的论证方式，但是"迷信"一旦遇到原则与事实不相符的地方，就会呈现为荒谬；所谓"真信"，是指在经过反思和检验基础上形成的信仰，这种信仰往往抓得住事物的根本，是对事物发生发展规律的正确揭示，因而呈现为真理。

马克思在他中学时写作的一篇作文中就说道："如果我们选择了最能为人类而工作的职业，那么，重担就不能把我们压倒，因为这是为大家作出的牺牲；那时我们所享受的就不是可怜的、有限的、自私的乐趣，我们的幸福将属于千百万人，我们的事业将悄然无声地存在下去，但是它会永远发挥作用，而面对我们的骨灰，高尚的人们将洒下热泪。"[1]在这里马克思就已经说明，如果我们拥有了崇高的信仰，那么一切困难和挑战都不能打倒我们，即使付出很大的牺牲，我们也会因为有信仰而毫无畏惧。共产主义正是这种远大信仰，是自由人的联合体，以实现全人类的解放和自由全面发展为核心价值。正如习近平总书记指出的："马克思主义是人民的理论，第一次创立了人民实现自身解放的思想体系。马克思主义博大精深，归根到底就是一句话，为人类求解放。"[2]马克思主义的创始人发现了在私有制条件下人民受到资本奴役的现实，因此站在人民的立场上探求人类解放的道路，并在领导人民求解放的运动实践中，形成了科学的理论体系，揭示了人类社会发展的一般规律，为实现人的

---

[1]　《马克思恩格斯全集》第1卷，人民出版社1995年版，第459—460页。
[2]　习近平：《在纪念马克思诞辰200周年大会上的讲话》（2018年5月4日），人民出版社2018年版，第8页。

自由和全面发展指明了方向。

恩格斯：《共产主义原理》

《共产主义原理》是恩格斯为共产主义者同盟撰写的纲领草案。1914年第一次以单行本的形式发表。中译文收入人民出版社2012年版《马克思恩格斯选集》第1卷。这篇著作采取问答形式，通过对25个问题的回答阐述了共产主义的基本原理，是《共产党宣言》的重要准备著作。

这篇著作回答了"什么是共产主义""新的社会制度应当是怎样的""废除私有制将产生什么样的结果"等一系列问题，是一本内容较全面的关于"共产主义"的论述文献。学习和阅读《共产主义原理》，有利于我们掌握马克思恩格斯的共产主义理论，树立共产主义的理想信念。

共产主义之所以是"真信"，就在于这种信仰有着科学的理论基础和严密的逻辑论证。共产主义的实现建立在科学社会主义的原则基础之上，在科学社会主义诞生以前，西方社会就已经产生了"空想社会主义"的思想，但是空想社会主义缺乏现实的理论基础，也没有找到实现理想的有效途径，因此最终成为空谈。但是马克思在充分吸收空想社会主义者合理理论成分的基础上，通过提出唯物史观和剩余价值学说，从社会生产领域发现了理解人类历史发展的"钥匙"，从而实现了社会主义从空想到科学的飞跃。不仅如此，无数共产主义者在这一远大信仰的指引和推动下，取得了社会主义革命的胜利，建立起了社会主义的国家，将社会主义由理论变为了现实，这就更加说明了共产主义的信仰是科学、是真理。

近代以来，随着马克思主义在中国的传播，共产主义的信仰也在中国大地上落地生根。特别是中国共产党一经成立，就把共产主义写在自己的旗帜上，凝聚起了中华民族实现国家独立和民族解放的强大力量。在共产主义的旗帜下，无数仁人志士以"为有牺牲多壮志，敢教日月换新天"的勇气和魄力，毫不畏惧封建主义、帝国主义和官僚资本主义这"三座大山"的压迫，他们以实现共产主义为口号和目标，同一切侵略势力和反动势力展开了殊死的搏斗，最终实现了新民主主义革命和社会主义革命的胜利，完成了中华民族有史以来最为广泛而深刻的社会变革。

理想因其远大而为理想，信念因其执着而为信念。共产主义作为远大的理想信念，不可能在一朝一夕间就成为现实。因此，中国共产党人不断将共产主义的远大理想同中国特色社会主义共同理想统一起来、同我们正在做的事情统一起来，不断坚定中国特色社会主义道路自信、理论自信、制度自信、文化自信，将为共产主义的奋斗具体融入到实现中华民族伟大复兴中国梦的实践进程中去。

二、理想信念是党员干部安身立命之本

党的十八大以来，我们把坚定理想信念作为党的思想建设的首要任务，着力解决好世界观、人生观、价值观这个"总开关"问题。习近平总书记指出："坚定理想信念，坚守共产党人精神追求，始

终是共产党人安身立命的根本。"① 为此，我们已经开展了党的群众路线教育实践活动、"三严三实"专题教育，"两学一做"学习教育、"不忘初心、牢记使命"主题教育、党史学习教育等一系列教育活动。正是通过这些教育活动，广大党员信念更加坚定、党性更加坚强，更加牢记党的宗旨，更加自觉地为实现新时代党的历史使命不懈奋斗。

理想信念是共产党员的核心价值追求，是对价值的终极追问

理想信念的本质是价值问题，是对价值的终极追问。理想信念从本质上来讲是思想认识问题。人们认识世界有两个方面：一是想搞清楚"是不是"的问题，这是事实判断；二是想搞清楚"该不该"的问题，这是价值判断。事实判断服从唯物论的原则，与人们的主观愿望没有关系，是按照客观标准和外在尺度认识的世界；价值判断则服从价值论的原则，同一个事实不同的人有可能作出完全不同的价值判断，这是按照主观标准和内在尺度认识的世界。事实判断旨在求真，价值判断旨在求善。

理想信念属于价值判断，但是，并不是所有的价值判断都是理想信念问题，理想信念是对价值的终极追问。价值判断就是回答"该不该"的问题。所谓价值追问，就是对"该不该"或者"有没有意义"问题的追问。价值观也就是怎么看"该"或者"不该"、"有意义"或者"没有意义"。如果对价值的追问超越了生命价值，就会

① 《习近平谈治国理政》第1卷，外文出版社2018年版，第15页。

上升为理想信念。例如，什么是拜金主义的价值观？就是把金钱作为判断"该"或者"不该"的标准，认为有钱就该，没有钱就不该。如果把这样的价值追问达到这样的地步——为了钱就可以不活，即超越了生命价值，这就上升为对金钱的信仰。再如，什么是自由的价值观？就是把自由作为判断"该"或者"不该"的标准，凡是符合自由的就是该的，凡是不符合自由的就是不该的。如果把这样的价值追问达到这样的地步——不自由毋宁死，这就不是普通的自由价值观，而是对自由的信仰。由此可见，为了信仰，是可以付出生命的。中国共产党人的入党誓词中说：随时准备为党和人民牺牲一切，永不叛党。这就是理想信念的宣示。

理想信念具有理性和非理性的区别。理想信念可以有很多种，但是总体上来说，根据追问价值通达理想信念的不同方式，可以把理想信念大致分为两类：理性的理想信念和非理性的理想信念。

事实问题是科学的范围，但是科学永远不能超越事实范围走向价值领域，也就是说，"是不是"的事实问题，永远不可能回答"该不该"的价值问题。价值问题是由人文来回答的。人文由艺术、宗教和哲学组成。它们都是回答价值问题的，但是它们回答价值问题的方式不同。艺术用感性直观的方式表达价值，宗教是用非理性的方式回答价值问题，哲学则是为价值找到理性的依据。艺术没有自己独立的王国，不可能直接通达理想信念，只能用来表达理想信念。那么，通达理想信念只有两条路可走，一个是宗教，另一个是哲学。这两种理想信念所达到的价值追问高度，没有本质区别，为了宗教的理想信念可以献身，基于哲学的理想信念同样可以牺牲生命。它们的根本区别在于通达理想信念的方式：宗教是以非理性的方式通达理想信念，是"因信而信"；哲学是用理性的方式通达理想信念，是"因真而信"。这就是非理性的理想信念和理性的理想信念的区别。

非理性的理想信念是排斥理性的。非理性的理想信念不需要理由，是"因信而信"。宗教都属于这样的信仰。一种宗教信仰，无论它的逻辑多么严密，其前提都是经不起理性追问的。理性的理想信念恰恰是以理性作为根基的，经过理性反思为真才信，是"因真而信"。共产党人的理想信念就是理性的理想信念。

理想信念是共产党员的政治灵魂

习近平总书记指出："对马克思主义的信仰，对社会主义和共产主义的信念，是共产党人的政治灵魂，是共产党人经受住任何考验的精神支柱。"[①]有了坚定的理想信念，站位就高了，眼界就宽了，心胸就开阔了，就能在胜利和顺境时不骄傲不急躁，在困难和逆境时不消沉不动摇。衡量一名党员干部是否具有坚定的理想信念，关键在于看他是否有坚强的政治定力、牢固的宗旨意识、极端负责的工作态度，能否吃苦在前享乐在后，能否舍小利取大利。一些党员干部只顾一域小利甚至一己私利，而对国家大利视而不见，说到底还是理想信念淡薄，缺少对马克思主义的信仰、对共产主义的信念、对中国特色社会主义的信心。理想信念不是说说而已，见诸行动才

---

① 《习近平谈治国理政》第1卷，外文出版社2018年版，第15页。

有说服力。各级党政领导干部要做到对"国之大者"心中有数，多打大算盘、少打小算盘，既要胸怀远大理想，又要脚踏实地，用自己的实际行动为实现中华民族伟大复兴不懈奋斗。

中国共产党之所以能够在近代中国这样一个复杂艰难的历史条件中脱颖而出，成为人民解放和民族复兴事业的主心骨和领航者，一个重要的原因就在于中国共产党具有鲜明的政治属性，是具有先进性的马克思主义政党。民心才是最大的政治，中国共产党先进性的突出表现，就是最懂政治，最讲政治，最会讲政治，最善于遵循政治规律团结同志和凝聚力量，不断补钙强骨、自我革新，在领导人民革命、建设和改革的过程中，持续得到广大人民群众的认同、支持和拥护。我们所讲的政治除了一切为了人民利益之外，没有任何个人利益和政党的特殊利益，饱含"我将无我，不负人民"的赤子情怀，贯穿"江山就是人民，人民就是江山"的根本立场，肩负全心全意为了人民的利益而奋斗的民族大义。

理论创新每前进一步，理论武装就跟进一步，这是我们党领导革命建设、治国理政的重要经验，也是我们党的优良传统和政治优势。我们党之所以能够始终立场坚定，富有强大生命力和战斗力，一个重要原因就是有坚定的信仰。崇高信仰、坚定信念不会自发产生，也不可能仅仅靠朴素的感情和一时的热情就能够维持的，必须用科学理论武装头脑，最大限度地由理论认同转化为价值认同、由心理认同转化为信念信仰，才能始终保持"不畏浮云遮望眼"的清醒和"乱云飞渡仍从容"的自信，不断塑造和培育共产党人的精神家园。

知识链接

共产党员夏明翰与他的《就义诗》

夏明翰，革命烈士，1900年出生，湖南衡阳人，1921年经毛泽东、何叔衡介绍加入中国共产党，后任中共湖南省委委员、全国农民协会秘书长等职。1927年曾在湖南参加和组织秋收起义。1928年3月在汉口被敌人逮捕并杀害，时年28岁。

夏明翰是中国共产党的优秀党员，是有着强烈共产主义信念的无产阶级战士。他在牺牲前写下来一首震撼人心的就义诗："砍头不要紧，只要主义真。杀了夏明翰，还有后来人。"这首诗深刻表达了夏明翰英勇顽强、不畏牺牲的崇高革命精神，同时也突出了共产主义理想信念的强大感召力。2009年，夏明翰被评为"100位为新中国成立作出突出贡献的英雄模范人物"。

理想信念是共产党员精神上的"钙"

习近平总书记曾作过形象的比喻："理想信念就是共产党人精神上的'钙'，没有理想信念，理想信念不坚定，精神上就会'缺钙'，就会得'软骨病'。现实生活中，一些党员、干部出这样那样的问题，说到底是信仰迷茫、精神迷失。"① 只有坚定了理想信念，我们党才能具有永葆斗争精神的不竭动力。理想信念是共产党

① 习近平：《紧紧围绕坚持和发展中国特色社会主义学习宣传贯彻党的十八大精神》，《人民日报》2012年11月19日。

人精神上的"钙"，共产党人始终要有"革命理想高于天"的精神境界。我们党自成立以来，经历了很多次挫折和困境，面对困难，无数革命先烈怀揣着共产主义必然胜利的信念，抛头颅、洒热血，为革命事业的胜利奉献自己的全部，靠的就是坚定的理想信念、百折不挠的精神和一往无前的勇气。在如今的和平年代，我们共产党员仍然需要坚定的理想信念。理想信念是"魂"，只有坚定的理想信念，我们才能在全面深化改革的进程中攻坚克难，我们的广大党员干部才能在干事创业中不断前进。当前，我们党仍然面临着"四种危险"和"四大考验"，我们的党员干部能否在"大是大非"面前经受住考验，能否在"糖衣炮弹"前经得住诱惑，就看理想信念是否坚定。理想信念是党员干部安身立命之本，广大党员干部要牢记党的宗旨，挺起共产党人的精神脊梁，解决好世界观、人生观、价值观这个"总开关"问题，坚定理想信念，自觉做共产主义远大理想和中国特色社会主义共同理想的坚定信仰者和忠实实践者。

理想信念动摇，为人民利益奋斗的动力就会缺失。面对风云激荡的国际形势和日益严峻的各种风险考验，有的党员干部共产主义信仰和理想信念有所动摇，从而忘了初心和使命，将人民群众的利益抛之脑后，不敢攻坚克难、披荆斩棘、踏浪前行，在工作中不想落实、不愿作为。理想信念是共产党人精神上的"钙"，是支撑广大共产党员想作为、敢作为、善作为的精神支柱。只有坚定理想信念，党员干部才能在艰难险阻中勇于挑最重的担子、啃最硬的骨头，才能做到吃苦在前、享乐在后。中国共产党之所以能够历经革命建设改革，不断从胜利走向更大的胜利，归根结底是因为始终坚持全心全意为人民服务的宗旨，坚持以人民为中心的政治立场，权为民所用，情为民所系，利为民所谋。进入新时代，广大党员干部必须胸怀共产主义远大理想和中国特色社会主义共同理想，发扬斗争精神，勇于斗争、善于斗争，敢于担当，才能切实担负起实现中华民族伟大复兴的神圣使命。

三、坚定理想信念是知信行的统一

实践观点是马克思主义首要的基本的观点。坚守马克思主义的基本立场观点方法，一个基本的要求就是坚持知行合一。我们党善于通过科学的理论武装坚定马克思主义信仰和共产主义远大理想，并通过掌握科学的思想方法来指导实践，把远大目标、奋斗纲领同脚踏实地、埋头苦干紧密结合起来，从而肩负起了伟大的历史使命。这里关键是坚持"知行合一"的实践论，把认识马克思主义价值追求的道义力量和揭示规律的真理力量，在实现造福人类的伟大实践中释放出来。正如习近平总书记在讲话中所强调的，广大干部特别是年轻干部要在常学常新中加强理论修养，在真学真信中坚定理想信念，在学思践悟中牢记初心使命，在细照笃行中不断修炼自我，在知行合一中主动担当作为。[①]知是基础、是前提，行是重点、是关键，必须以知促行、以行促知，做到知行合一。共产党人坚定理想信念，关键是要做到知信行的统一，坚持知行合一、真抓

---

① 《在常学常新中加强理论修养 在知行合一中主动担当作为》，《人民日报》2019年3月2日。

实干。

知，马克思主义是科学的理性信仰

习近平总书记指出："中国共产党人的理想信念，建立在马克思主义科学真理的基础之上，建立在马克思主义揭示的人类社会发展规律的基础之上，建立在为最广大人民谋利益的崇高价值的基础之上。"[①]马克思主义的信仰是科学的信仰、理性的信仰。那么，这样的信仰为什么是科学的和理性的？这可以从它对终极关怀的理性回答中找到答案。

人的特性在于，虽然生存于有限，却要追问无限；虽然存在具有偶然性，却要追问必然；虽然生命是暂时的，却要追问永恒。这就是终极关怀。也就是说，人类会立足于有限追求无限，有限的是现实生活，无限的是价值追求。那么，怎么通过有限的生命来通达无限的意义和价值呢？

从理论上来讲，只有两种可能：第一，通过无限延长自己的生命来追求无限的意义和价值。这绝对不是一个理性主义者所能够给出的答案，因为有理性的人都知道，无论一个人的生命有多久，总有大限要来临的那一天。第二，理性主义者的方案，承认生命有限，不去无谓地追求生命无限，而是追求生命的高度，也就是在有限的生命中追求无限的意义和价值。在这样的情况下，生命的长短已经不具备根本意义了。如果一个人的生命是有意义和价值的，即使是短暂的，也是灿烂的和值得的。

---

① 《习近平谈治国理政》第2卷，外文出版社2017年版，第50页。

马克思所倡导的价值追求到底是不是理性的和科学的？是不是值得信仰呢？让我们借用海德格尔的一个理念——"向死而在"，从生命的终极意义上来追问一下吧：生命的本质实际上是一个有限的过程，不要去追求那个最终的结果，因为最终的结果都是走向无限的虚无，即死亡。我们只有面对无限，才能思考和规划如何安排好自己有限的生命过程，才能反向思考我们今天该不该这样活。

假设要面对死亡了，我们回顾一下自己的一生，感到生命是有意义和价值的，选择是无悔的，如果再重新度过一生的话，我们还会这么过。请问这个理由是什么？理由可以有很多，但是真正的理由绝不可能建立在世俗的基础之上，因为在这个时候世俗的东西已经没有意义了。既然生命的本质是一个过程，那么，有意义的生命在于过程的精彩。什么样的生命过程才是精彩的呢？马克思告诉我们："尊严是最能使人高尚、使他的活动和他的一切努力具有更加崇高品质的东西，是使他无可非议、受到众人钦佩并高出于众人之上的东西。"① 也就是说，一个人应该有尊严地度过自己的一生，有尊严的生命才是值得的，才是精彩的，才是有意义和价值的。对于没有尊严的生命过程而言，每一分钟的延续都是耻辱。什么样的生命过程才是有尊严的呢？马克思说，因为生命得到了人们的尊重，达到了崇高。为什么会得到人们的尊重呢？马克思的回答是：因为"选择了最能为人类而工作"。什么是主义呢？"主义"就是核心的价值追求。什么是马克思主义呢？就是把马克思主义的创始人马克

---

① 《马克思恩格斯全集》第1卷，人民出版社1995年版，第458页。

思所倡导的、被共产党人所遵循的价值和灵魂，即造福人民和为绝大多数人谋福利，作为核心价值追求。如果为了这样的价值追求可以献出生命，那就是对马克思主义的信仰。这样的信仰是科学的、理性的信仰，具有崇高的生命价值追求。

信，把握共产党人理想信念的科学逻辑

习近平总书记指出："理想信念的确立，是一种理性的选择，而不是一时的冲动，光有朴素的感情是远远不够的，还必须有深厚的理论信仰作支撑，否则一有风吹草动就会发生动摇。"[①]理想信念想要引领时代，首先要给时代提供未来、指引方向，以引领人们走向美好生活，这就需要提供真正的"善"的价值标准，给人们的实践活动和技术力量提供"该不该"这么做的判断标准。理想信念必须找到并坚守自己的基本价值。这一基本价值取向，作为一种立场选择，必须旗帜鲜明地坚持。如果你的立场是动摇的，那这样的理想信念是没有意义的，这样的理想信念是没有"骨"和"魂"的。如果你的立场是坚定的，你的对手虽然可以反对你，但是他也会尊重你。毫无疑问，一个能够坚守崇高、向上向善的理论，不仅能够得到大家的价值认同，而且还可以引领时代不断走向光明。

毋庸置疑，在当代中国，我们的中国特色社会主义事业和社会主义现代化的伟大实践，都是以马克思主义为指导来推进的，马克思主义的根本立场就是我们的理论的基本价值。无论采取什么样的

---

① 习近平：《学习马克思主义基本理论是共产党人的必修课》，《求是》2019年第22期。

表达方式，运用什么样的理论形态来述说我们的理论，这个根本立场和价值追求，任何时候都不能够动摇。这个立场和价值追求是什么呢？就是人民立场，为了实现人类解放不断革命。马克思主义的理论体系、实践运动、信仰的人，里面都贯穿着一个灵魂，这就是马克思主义的核心价值追求，这就是马克思主义的"道"，也就是马克思主义哲学的价值观。作为共产党人，我们要坚守这样的价值立场，面对社会思想观念和价值取向日趋活跃、主流和非主流同时并存、社会思潮纷纭激荡的新形势，把中国特色社会主义的伟大实践的道义力量和真理的力量不断彰显出来，巩固马克思主义在意识形态领域的指导地位，培育和践行社会主义核心价值观，巩固全党全国各族人民团结奋斗的共同思想基础，为实现第二个百年奋斗目标、实现中华民族伟大复兴的中国梦凝心聚力。

真信、真用马克思主义的基础是要真懂，用真正的马克思主义"以理服人"。"理论上不彻底，就难以服人。"[1]只有抓住了事物本质的有"深度"的理论，才能够抓住人的灵魂，凝聚成为改造世界人类解放的强大物质理论。马克思指出："批判的武器当然不能代替武器的批判，物质力量只能用物质力量来摧毁，但是理论一经掌握群众，也会变成物质力量。理论只要说服人，就能掌握群众；而理论只要彻底，就能说服人。所谓彻底，就是抓住事物的根本。"[2]

理论言之有理，才能让人真信真服。习近平总书记强调："要让

---

① 《习近平谈治国理政》第2卷，外文出版社2017年版，第34页。
② 《马克思恩格斯选集》第1卷，人民出版社2012年版，第9—10页。

有信仰的人讲信仰。"①没有理论逻辑作为支撑的理想信念是肤浅的，是缺乏解释力和说服力的，是不能被听众所接受和认同的。一种理想信念如果没有严密的逻辑论证，仅仅是独断地给出结论，是苍白无力的，是不能说服人的。一种理想信念所坚守的价值，能否让别人认同甚至信仰，关键在于是否能够运用严密的逻辑进行论证。马克思的著作里面没有独断论的东西，其结论都是从严密的逻辑中得出的，其崇高的价值是通过逻辑的力量彰显出来的。我们以《共产党宣言》为例，来看看马克思恩格斯是怎么通过辩证法的逻辑，充分论证了通过革命手段实现人类解放的崇高价值的。《共产党宣言》对资本主义制度进行批判，但是并没有对资本主义进行攻击和谩骂，恰恰相反，它对资本主义制度的历史合理性进行了充分肯定，在充分肯定的基础上，却得出了彻底否定的结论。这就是辩证法的逻辑。由于资本主义创造了如此巨大的生产力，资本主义和资产阶级对历史是作出了突出贡献的。然而根据辩证法的逻辑——"辩证法在对现存事物的肯定的理解中同时包含对现存事物的否定的理解"②——推动资本主义社会发展的生产关系最终会阻碍生产力的发展，这正是资本主义应该灭亡、必然会灭亡的内在原因，"资产阶级的灭亡和无产阶级的胜利是同样不可避免的"③。《共产党宣言》的每一个结论，都不是强加给人的，而是从字里行间自然走出来的，读者读着读着自己就会得出这样的结论，这完全是逻辑的力量。我们可以看到，

---

① 习近平：《思政课是落实立德树人根本任务的关键课程》，《求是》2020年第17期。
② 《马克思恩格斯选集》第2卷，人民出版社2012年版，第94页。
③ 马克思、恩格斯：《共产党宣言》，人民出版社2018年版，第40页。

无产阶级必须根据社会发展基本规律，通过革命手段实现人类解放的根本价值追求，这一科学结论不正是在辩证法严密逻辑的基础上经过充分论证而得出来的吗！

在这一点上，我们都要向马克思学习，避免独断论的倾向。作为共产党员，我们要通过建构严密的逻辑体系与遵循严密的逻辑传统，在逻辑和价值的统一中理解和坚守理想信念，做到言之有物，言之有理，让别人真信、真服，这样的理想信念才有穿透力和说服力，才能够掌握群众，从而成为强大的物质力量。

行，在实践中坚守共产党人的理想信念

我们往往会在不同的层次上使用"马克思主义"这个概念。比如说，马克思主义分为三个组成部分，即马克思主义哲学、马克思主义政治经济学和科学社会主义，这里是指马克思主义理论体系。再比如说，我们从事的事业是伟大的事业，因为这是造福人民的马克思主义事业，这里是指马克思主义的运动和实践。还比如说，我们是坚定的马克思主义者，这里是指把这个主义当成信仰的人。

古人云："道不离器。"马克思主义的"道"，就在马克思主义的理论、运动和实践中。马克思主义的根本特点在于它的实践性，而不是空谈"主义"。离开马克思主义的理论、运动和实践，马克思主义只能是一个幽灵。所谓"大道之行也"，"道"是用来行的，不行就没有"道"。行道的过程，就是践行初心使命的过程，就是坚守理想信念的过程。

"一步实际行动比一打纲领更重要"

　　马克思有一句名言："一步实际行动比一打纲领更重要。"这句话出自马克思1875年5月给威廉·白拉克的信。1875年，德国工人运动中的爱森纳赫派和拉萨尔派达成两派合并的协议。但在制定新的党纲时，爱森纳赫派的领导人作了无原则的妥协，容忍将拉萨尔机会主义的错误观点写进党纲草案中。为了捍卫科学社会主义的原则，清算拉萨尔主义，教育爱森纳赫派，马克思于同年5月初抱病写了《德国工人党纲领批注》。5月5日，马克思将这一著作连同附信寄给了威廉·白拉克，并请他转给德国社会民主工党（即爱森纳赫派）的其他领导人阅读。

　　在这封信中，马克思指出了一个重要的革命原则：在工人运动中实际行动的重要性。事实上，马克思一向是强调实践的作用的，他在信中的这句话鲜明体现了他的主张和观点。我们学习马克思主义，一定要立足于马克思主义的实践性，在知行合一中将马克思主义的强大思想武器转化为变革现实的巨大力量。

　　正如马克思恩格斯在《德意志意识形态》中所指出的那样："共产主义对我们来说不是应当确立的状况，不是现实应当与之相适应的理想。我们所称为共产主义的是那种消灭现存状况的现实的运动。"①对于广大党员干部来说，共产主义不是遥远虚幻的"乌托邦"，不是嘴上墙上的空洞口号，而是最现实的实践行动。如果每名党员干部都能扛起自己的理想信念，承担自己的历史使命和工作责任，那么共产主义运动就在我们身边，我们每个人就都是共产主义信念和共产主义运动的参与者、践行者。我们一定要发扬马克思主义信仰和共产主义信念的实践性，做到理论与实践、信念与实践的结合，在实践中检验和加强自身的理想信念，在实践中创造和践行自身的理想信念。

四、坚定理想信念是一辈子的事

坚定理想信念是共产党员一辈子的事情。习近平总书记指出："我们要全面掌握辩证唯物主义和历史唯物主义的世界观和方法论，深刻认识实现共产主义是由一个一个阶段性目标逐步达成的历史过程，把共产主义远大理想同中国特色社会主义共同理想统一起来、同我们正在做的事情统一起来，坚定中国特色社会主义道路自信、理论自信、制度自信、文化自信，坚守共产党人的理想信念，像马克思那样，为共产主义奋斗终身。"②崇高的灵魂不是先天的，伟大的人生也不是天定的，而是在不断的修炼中走出来的。我们要不断坚定自身的理想信念，加强理想信念教育和党性锻炼，不断在实践中锤炼自身的党性和人民性，永远做理想信念的坚守者。

人的自然生命总是有限的，但是对理想信念的追求可以是无限

---

① 《马克思恩格斯选集》第1卷，人民出版社2012年版，第166页。
② 习近平：《在纪念马克思诞辰200周年大会上的讲话》(2018年5月4日)，人民出版社2018年版，第16—17页。

的。人的生命必须在意义中走向神圣，而神圣的灵魂需要不断接受崇高的洗礼。如果说趋利避害、维持自身生命的存在和延续是所有生物具备的自然本能的话，那么，对于人来说，生命是建立于自然存在之上而又超越于自然存在的文化存在，一个真正的生命的价值在于意义。理想信念对我们来说就是这样一种文化存在，是能够检验和彰显我们生命意义的东西。

对于一个没有意义的生命来说，无论时间有多么长久，严格意义上来说都不是真正的人的生命。正如马克思在17岁中学毕业时写的作文中所指出的："自然本身给动物规定了它应该遵循的活动范围，动物也就安分地在这个范围内运动，不试图越出这个范围，甚至不考虑有其他什么范围存在。神也给人指定了共同的目标——使人类和他自己趋于高尚。"①动物的所有活动都是基于自然，自然就是必然，其生命不需要意义来支撑。但是，人和动物不同，人是自由的，人的生命是在自由的选择中走向不同的未来。既然有选择，就会有价值问题。人的生命过程需要意义的光指引，才能够坚定而充满激情地走向未来。意义的光来自彼岸，彼岸的光照在此岸，让生命不再犹豫和徘徊，因为灵魂有了意义的光指引，就不会在黑暗中迷失自己。萨特说："存在先于本质。"人的生命本质不是先天的，而是在自我的选择和创造中不断生成的，是自己"学以成人"，在生命实践和社会交往中接受了和生成了什么样的文化密码，他就具备什么样的本质和灵魂。对于共产党人来说，他们的生命的意义和价

---

① 《马克思恩格斯全集》第40卷，人民出版社1982年版，第3页。

值就在造福人民的奋斗和实践中。为了人类解放可以牺牲自己的一切，即使献出生命也在所不惜。如果我们广大党员干部也能树立这样的理想信念，能够做到随时为党和人民牺牲一切，能够为共产主义理想奋斗终生，那么我们的事业就会无往而不胜，我们的队伍就会永远兴旺下去。

"形成坚定理想信念，既不是一蹴而就的，也不是一劳永逸的，而是要在斗争实践中不断砥砺、经受考验。年轻干部要牢记，坚定理想信念是终身课题，需要常修常炼，要信一辈子、守一辈子。"[1]理想信念有着影响人、塑造人的作用，共产党人的理想信念作为一种崇高的价值追求，能够起到影响人终生的作用。习近平总书记强调："信仰认定了就要信上一辈子，否则就会出大问题。"[2]党员干部要有理想信念信一辈子的觉悟，自始至终保持对理想信念的热情和坚守，自始至终坚持为人民服务，自始至终坚持追求崇高。

80多岁老人牛犇加入中国共产党

知识链接

　　2018年6月6日，83岁高龄的电影表演艺术家、上影演员剧团演员牛犇举起右手，在他的入党介绍人的领誓下，和其他青年党员一起庄严宣誓，加入中国共产党。牛犇老人表示，成为中共党员是他一生中的幸事，不论组织对自己的考验多长，他都坚定申请入党。

---

① 《信念坚定对党忠诚实事求是担当作为 努力成为可堪大用能担重任的栋梁之才》，《人民日报》2021年9月2日。
② 《在常学常新中加强理论修养 在知行合一中主动担当作为》，《人民日报》2019年3月2日。

在回答记者提问的"耄耋之年为何加入中国共产党"这一问题时，牛犇老人说："这不是冲动，我一直有这个心，有这个追求，只是默默地藏在心里，没有张扬。从我戴上团徽开始，我就想加入中国共产党，团徽我保存着，这份心愿也保存着。我接受党的教育已经60多年了，中间虽然经历过各种艰苦，但这个信念从来没变过。早在上个世纪50年代未满18岁时，我听了上影厂老书记丁一的党课，那个时候就想做党的同路人。退休后，自己依然积极参加上影和演员剧团的各项活动，不忘初心，牢记自己曾经许下的诺言，时刻以一个共产党员的标准来要求自己。近年来，特别是在聆听了习近平总书记在党的十九大上作的报告后，看到近些年在党的领导下国家发展欣欣向荣，我打心底里钦佩，要求入党的愿望更强烈了。"

坚定理想信念要从人的青年时期就开始抓起。习近平总书记指出："青年的价值取向决定了未来整个社会的价值取向，而青年又处在价值观形成和确立的时期，抓好这一时期的价值观养成十分重要。这就像穿衣服扣扣子一样，如果第一粒扣子扣错了，剩余的扣子都会扣错。人生的扣子从一开始就要扣好。"[1]马克思在中学毕业的时候就确立了崇高的人生理想和不朽的价值追求。1835年秋，马克思在参加中学毕业考试的时候写下了一篇作文——《青年在选择职业

---

[1]　习近平：《青年要自觉践行社会主义核心价值观——在北京大学师生座谈会上的讲话》（2014年5月4日），人民出版社2014年版，第9页。

时的考虑》。在这篇作文中，年仅17岁的马克思就确立了"为全人类的幸福而努力"的远大理想。从这篇作文中，我们可以强烈地感受到他伟大的人格和崇高的价值追求，能够明白什么样的生命才是有意义和有价值的，也才能够坚定理想信念，升华精神境界。马克思的生命实践充分彰显了伟人的灵魂和精神价值，也成就了马克思光辉的人生，获得了人们的普遍敬仰。他一生饱尝颠沛流离的艰辛、贫病交加的煎熬，但初心不改、矢志不渝，为人类解放的崇高理想而不懈奋斗，成就了自己的伟大人生。广大党员干部要学习马克思这种崇高和伟大的人格，坚守自己的理想信念，从青年时期做起，从自身做起，做共产主义理想的可靠接班人，做合格、高尚的共产党人，为共产主义奋斗终生！

▶ **延伸阅读**

1. 马克思：《青年在选择职业时的考虑》，载《马克思恩格斯全集》第1卷，人民出版社1995年版，第455—460页。

2. 习近平：《努力成为可堪大用能担重任的栋梁之才》，《求是》2022年第3期。

▦ **深度思考**

1. 共产党员应当怎样坚定自己的理想信念？

2. 什么样的理想信念是值得我们坚守一辈子的？

3. 坚定理想信念与实现中华民族伟大复兴有怎样的关系？

第二章

锤炼清正廉洁的为政之德
守住拒腐防变防线

党员领导干部必须牢记清廉是福、贪欲是祸的道理，经常对照党的理论和路线方针政策、对照党章党规党纪、对照初心使命，看清一些事情该不该做、能不能干，时刻自重自省，严守纪法规矩。守住拒腐防变防线，最紧要的是守住内心，从小事小节上守起，正心明道、怀德自重，勤掸"思想尘"、多思"贪欲害"、常破"心中贼"，以内无妄思保证外无妄动。

廉者，为政之本也。清正廉明是中国共产党人的政治本色，是中国共产党执政的基石，是中国共产党人永葆先进性纯洁性的必然要求。作为党和国家事业发展的主力军，广大党员干部特别是年轻干部必须要扣好廉洁从政的"第一粒扣子"，牢牢守住拒腐防变防线。

一、必须牢记清廉是福、贪欲是祸

"贪欲是祸，毁于一念；清廉是福，受用终生。"这是中外历史和现实中的无数案例带给我们的深刻警示。习近平总书记强调指出："一个人廉洁自律不过关，做人就没有骨气。要牢记清廉是福、贪欲是祸的道理，树立正确的权力观、地位观、利益观，任何时候都要稳得住心神、管得住行为、守得住清白。"①清与浊、贪与廉只在一念之间，结果却是天差地别，这是再清楚不过的"廉洁账"。《荀子·非相》有言："饥而欲食，寒而欲暖，劳而欲息，好利而恶害，是人之所生而有也，是无待而然者也，是禹、桀之所同也。"人生而有耳目声色之欲，在这一点上，圣人与凡人并无差别；同时，人的欲望也是无止境的，会随着个体自身和时代的发展不断扩展。但是，欲望虽然是无止境的，我们却不能放纵它，而是要尽可能地节制欲望，将其控制在合理的范围之内。欲望的满足要有底线、有原则，要知道哪些应该得，哪些不应该得，哪些应当做，哪些不应当做，

---

① 《在常学常新中加强理论修养 在知行合一中主动担当作为》，《人民日报》2019年3月2日。

否则，贪欲过度，便会害人害己，甚至祸国殃民。古人讲的"罪莫大于多欲，欲不除，如蛾扑火，焚身乃止"便是这个道理。因此，广大党员干部必须牢记清廉是福、贪欲是祸的道理，常修为政之德、常思贪欲之害，常怀律己之心，做到廉洁自律，克己奉公，决不能因一念之贪，染洁为污，坏了一生人品。

清廉是国家之福，人民之福

政清则社稷兴，政腐则国家亡。官员清廉与否与国家的兴衰、老百姓的得失福祸息息相关。自古以来，中华民族就有崇尚廉洁、鄙视贪腐的传统。古语有曰："礼义廉耻，国之四维，四维不张，国乃灭亡。""廉者，政之本也，民之惠也；贪者，政之腐也，民之贼也。"意思是说廉洁清正是为政的根本，是对老百姓的惠爱；而贪污受贿是政治上的腐败，是民众的盗贼。因此，古代中国在国家治理过程中非常注重官吏的廉洁建设，将廉洁作为考察官吏政绩的根本。《周礼·天官冢宰》云："以听官府之六计，弊群吏之治：一曰廉善，二曰廉能，三曰廉敬，四曰廉正，五曰廉法，六曰廉辨。"所谓"廉善"，指为官之人善于处理政事，并受到公众的广泛赞誉；"廉能"，指因政治素质高，国家政令得以顺利推行；"廉敬"，指忠于职守，爱岗敬业，在其位谋其政；"廉正"，指品行端正，行事公正；"廉法"，指依法办事，不徇私枉法；"廉辨"，指善于明辨是非曲直。从中我们可以看到，"善、能、敬、正、法、辨"这六种品质都是以廉为根本的。

南宋吕本中在他所著的《官箴》中也指出了为官"三法"："当官之法，惟有三事，曰清、曰慎、曰勤。"其中的"清"，指的就是清廉，即清清白白、干干净净。明末清初思想家顾炎武在《与公肃甥书》中说："诚欲正朝廷以正百官，当以激浊扬清为第一要义。"这就是说，要兴国安邦正百官，要稳社固稷泽百姓，就必须惩恶扬善，扶正祛邪，弘扬正气。文官不爱钱，武官不惜命，国家才有希望，社稷才能稳固。

历史上由于腐化堕落导致人亡政息的事例比比皆是。清朝末期，面对帝国主义国家的侵略，清军屡战屡败，其中一个重要缘由就是官场政治生态恶化，自上而下贪腐之风盛行。比如被称为"晚清第一贪官"的庆亲王奕劻，仅汇丰银行一地的存款，就达到200万两之多。腐败如斯，岂能不使国家民族陷入危难之中？甲午之战后，美国驻华公使田贝向白宫密报甲午战况时便写道："中国人中之最无智识而最愚笨者成为统治者。中国政府几乎无官不贪，无事不贿，上下相欺，大小相欺。中国军队中贪污吃空额、营私，盗窃公物，扣饷以为常。"

清廉是个人之福，家庭之福

首先，清廉有利于自我价值的实现，精神需要的满足。马克思主义认为，人的需要是有层次的，从生存需要到社会需要再到精神需要最后到发展需要是一个逐级递升的过程。西方学者马斯洛也将人的需要分为了五个层次，其中人的自我价值实现的需要是最高层次的需要。而人的需要的满足程度则与人生的幸福与否息息相关。那么，在有限的生命里，我们如何才能活出亮丽、幸福的人生呢？这就要求我们始终注重自己的名节，要有"先天下之忧而忧，后天下之乐而乐"的政治抱负，"位卑未敢忘忧国""苟利国家生死以，岂因祸福避趋之"的报国情怀，"富贵不能淫，贫贱不能移，威武不能屈"的浩然正气，"人生自古谁无死，留取丹心照汗青""鞠躬尽瘁，死而后已"的献身精神，等等。乐自清中出，烦自贪里来，"为人不做亏心事，不怕半夜鬼敲门"。只有光明磊落、坦坦荡荡，才能心安理得，家人也会以你为荣。再伟大的事业，也从家庭起步；再美好的人生，也离不开亲情滋养。正所谓勤廉者平安一世，贪婪者自毁一生。中国银行股份有限公司信阳分行北京路支行原行长姜东红在狱中写下："监狱接见日对大多数服刑人员来说是令人期盼的，而我却总是心事重重。每次看到父母日渐苍老的面容，我的心就充满自责。"四川省交通厅原副厅长郑道访的母亲一直劝诫儿子莫做贪官，当她从电视上看到儿子受贿超千万元被判刑的报道时，竟被活活气死。当郑道访得知母亲的消息时，声泪俱下，悲痛欲绝："我愧对九泉之下的白发老娘啊！"

马斯洛的需求层次理论

知识链接

　　1943年，美国著名犹太裔人本主义心理学家亚伯拉罕·马斯洛（Abraham Maslow）提出了需求层次理论。马斯洛认为，动机是由多种不同层次与性质的需求所组成的，而各种需求间有高低层次与顺序之分，每个层次的需求与满足的程度，将决定个体的人格发展境界。需求层次理论将人的需求由低到高划分为五个层次，并分别提出激励措施。其中底部的四种需要（生理需要、安全需要、归属和爱的需要、尊重的需要）可称为缺乏型需要，只有满足了这些需要，个体才能感到基本上舒适。顶部的需要（自我实现需要）可称为成长型需要，主要是为了个体的成长与发展。在最初的需求层次理论中，马斯洛给定了七个层次需要，其中广为流传的第五层次的自我实现需要由低到高又分为认知需要、审美需要和自我创造需要。晚年马斯洛在自我实现需要的基础上又提出了超自我实现需要，作为其超人本主义心理学的某种总结。

清正廉明是共产党人的政治本色，是共产党执政的基石和底线

中国共产党之所以能够始终保持先进性纯洁性，就是因为能够矢志不渝地保持和发扬清正廉明的优良传统。在如今的瑞金中央革命根据地纪念馆保存着一个破旧的记账本，上面记载着这样一段话："十八号，主席毛泽东住，付还大洋一元四角八分。"1934年8月18日，毛泽东来到长胜县铲田区（现为宁都县下辖乡镇）调研，在区政府住宿一晚。毛泽东坚持要交食宿费，于是铲田区财政部便在记账本记下了以上这段话。由于当时敌人残酷的军事"围剿"和严密的经济封锁，苏区的物资严重匮乏，广大军民的生活极其困难。为了渡过难关，这一时期，苏区所有干部，从中央政府主席到乡苏工作人员一律没有薪饷，每人每天只发不到1角钱菜金和大半斤粮食。干部下乡或开会，都是自带干粮。"苏区干部好作风，自带干粮去办公，日着草鞋干革命，夜打灯笼访贫农。"这首耳熟能详的苏区红歌是对共产党干部优良作风的最好诠释。当时制定的中国共产党历史

上第一个专门惩治贪污腐败行为的法规——《关于惩治贪污浪费行为的第二十六号训令》中这样规定：凡苏维埃机关、国营企业及公共团体工作人员利用职权贪污公款以图私利者，依下列各项处理：贪污公款在五百元以上者，处以死刑；贪污公款在三百元以上五百元以下者，处以二年以上五年以下的监禁；贪污公款在一百元以上三百元以下者，处以半年以上二年以下的监禁；贪污公款在一百元以下者，处以半年以下的强迫劳动。训令还规定：凡挪用公款为私人营利者以贪污论罪；因玩忽职守浪费公款，致使国家受到损失者，依其浪费程度处以警告、撤职以至一个月以上三年以下的监禁。从中我们可以看到中国共产党惩治贪腐保持清廉作风的坚定决心。

中国特色社会主义进入新时代，广大党员干部尤其是年轻干部必须始终牢记清廉是福、贪欲是祸的道理，不断从历史中吸取教训，始终秉持和发扬清正廉明的优良传统，经常对照党的理论和路线方针政策、对照党章党规党纪、对照初心使命，看清一些事情该不该做、能不能干，时刻自重自省，严守纪法规矩。

一要对照初心使命，加强党性修养，树立正确的世界观人生观价值观。2020年1月8日，习近平总书记在"不忘初心、牢记使命"主题教育总结大会上发表的重要讲话中明确指出："马克思主义政党的先进性和纯洁性不是随着时间推移而自然保持下去的，共产党员的党性不是随着党龄增长和职务提升而自然提高的。初心不会自然保质保鲜，稍不注意就可能蒙尘褪色，久不滋养就会干涸枯萎，很容易走着走着就忘记了为什么要出发、要到哪里去，很容易走散了、走丢了。我们查处的那些腐败分子，之所以跌入违纪违法的陷阱，从根本上讲就是把初心和使命抛到九霄云外去了。不忘初心、牢记使命不是一阵子的事，而是一辈子的事，每个党员都要在思想政治上不断进行检视、剖析、反思，不断去杂质、除病毒、防污染。"①作风问题本质上就是党性问题，领导干部的作风直接关系党内风气和政治生态，关系民心向背，决定着党的群众基础。广大党员干部要加强党性修养，树立正确的世界观人生观价值观，就是要养成一种良好的品格，养成共产党员应有的"官德"。这种品格和德性就是公而忘私和不计个人得失。所谓公而忘私，就是要把大多数人的利益放在前、把个人的私利放在后，就是要舍小家为大家。共产党人是没有自己的私利，没有自己的特殊利益的。马克思和恩格斯在《共产党宣言》中明确写道："共产党人不是同其他工人政党相对立的特殊政党。他们没有任何同整个无产阶级的利益不同的利益。"②《中国共产党章程》也规定，中国共产党始终代表中国最广大人民的利益。共产党员之所以能够公而忘私，原因就在于他们有着崇高的信仰。越是崇高的信仰，越是难以到达的彼岸，但也越能给人以强大的力量。在崇高的信仰面前，任何个人私利都是不值一提的。各级党员干部要不断筑牢信仰的根基，坚持实事求是，努力做到公而忘私。

二要对照党章党规党纪，强化规范意识，树立正确的权力观政绩观利益观。要树立正确的权力观。2010年9月1日，习近平同志

---

① 习近平：《在"不忘初心、牢记使命"主题教育总结大会上的讲话》（2020年1月8日），人民出版社2020年版，第12页。
② 马克思、恩格斯：《共产党宣言》，人民出版社2018年版，第41页。

在中央党校2010年秋季学期开学典礼的讲话中明确指出："马克思主义权力观，概括起来是两句话：权为民所赋，权为民所用。前一句话指明了权力的根本来源和基础，后一句话指明了权力的根本性质和归宿。全心全意为人民服务，是我们党的唯一宗旨，也是马克思主义权力观同资产阶级权力观的根本区别。"①马克思主义权力观便是中国共产党人必须秉持的正确权力观，是人民立场的必然外化。而扭曲的权力观便是背离了党的性质和宗旨的权力观，即将手中的权力当作个人资本，以权谋私，恃权傲物，忘却了自己手中的权力是人民赋予的，忘记了人民赋予他们权力的目的是为人民谋福利、为人民谋幸福。从扭曲的权力观出发，基于个人私利的考虑，工作必然流于形式，作风必然倒向官僚。基于此，习近平总书记强调："党员、干部特别是领导干部要清醒认识到，自己手中的权力、所处的岗位，是党和人民赋予的，是为党和人民做事用的，只能用来为民谋利。"②要树立正确的政绩观。习近平总书记强调："干事创业一定要树立正确政绩观，做到'民之所好好之，民之所恶恶之'。要求真务实、真抓实干，做工作自觉从人民利益出发，决不能为了树立个人形象，搞华而不实、劳民伤财的'形象工程'、'政绩工程'。"③权力观与政绩观密切相关，一般而言，有什么样的权力观就会有什么样的政绩观。所谓政绩观，即党员领导干部衡量自身履

① 习近平：《领导干部要树立正确的世界观权力观事业观》，《学习时报》2010年9月6日。
② 《坚持人民至上 不断造福人民 把以人民为中心的发展思想落实到各项决策部署和实际工作之中》，《人民日报》2020年5月23日。
③ 习近平：《做焦裕禄式的县委书记》，中央文献出版社2015年版，第7页。

行职责成绩的尺度和标准，是谋划前进方向的准星。同扭曲的权力观一样，错位的政绩观同样根植于个人主义，背离了人民立场，其结果必然导向形式主义和官僚主义。比如有些党员领导干部搞"形象工程""面子工程"和"政绩工程"，处处用轰轰烈烈的形式代替扎扎实实的落实，用光鲜亮丽的成绩掩盖事实上的矛盾和问题。从根本上说，这就是个人主义作祟，背离了共产党人的初心和使命。要树立正确的利益观。《中国共产党章程》规定，中国共产党党员永远是劳动人民的普通一员。除了法律和政策规定范围内的个人利益和工作职权以外，所有共产党员都不得谋求任何私利和特权。《中国共产党章程》中第一章第三条也对党员必须履行的义务进行了明确规定，其中第三款便是：坚持党和人民的利益高于一切，个人利益服从党和人民的利益，吃苦在前，享受在后，克己奉公，多做贡献。这既规定了每一位党员都要履行的义务，也阐明了每一位党员所应遵循的正确利益观，即要求广大党员干部不能从个人出发，而必须从集体着眼，要始终把集体利益、人民群众的根本利益放在首位。

二、最紧要的是守住内心、常破"心中贼"

正所谓"物必先腐也，而后虫生之；人必先疑也，而后谗入之"。思想的蜕变和内心的贪欲是一个人走向罪恶深渊的根本缘由。正如习近平总书记所指出的："一个人能否廉洁自律，最大的诱惑是自己，最难战胜的敌人也是自己。"①因此，要守住拒腐防变防线，最紧要的就是要守住内心防线，革除内心的私欲和贪念，破除"心中贼"。

马克思主义认为，事物的发展变化是由内外因共同作用的结果，这其中内因是根本，对事物的发展变化起决定性作用，外因是条件，对事物的变化则起一定的影响作用。腐败的产生和形成也同样如此。有些人走向腐化的道路不认为是自己的问题，却完全归因于制度不完善、监管不严、社会风气不好，当然这也是造成一些官员贪腐的因素。但是，从根本上讲，就是个人理想信念的缺失，思想道德的滑坡，内心贪欲的无度。"不能胜寸心，安能胜苍穹。"本在人心，内心净化，才能锻造金刚不坏之体、百毒不侵之身。理想信念不坚定，背离了党性，丢掉了宗旨，精神就会"缺钙"、行动就会"软骨"，如何能抵御欲望洪流的惊涛拍岸？不能端正自我，正心诚意，何来建功立业、兴利捍患？因此，只有在立根固本上下功夫，守住内心防线，才能防止歪风邪气近身附体。

要守住内心，就要做到慎小事、拘小节

习近平在《之江新语》一书中曾指出："于细微处见精神，于细微处也见品德。"②小事小节就如一面镜子，小事小节中有党性、有原则、有人格。正所谓"奢靡之始，危亡之渐"，"不矜细行，终累大德"。事物的质变都是从小到大、在一点一滴的量变中形成的，不顾惜小事小节方面的修养，到头来定然会伤害大节、酿成大祸。

---

① 中共中央纪律检查委员会、中共中央文献研究室：《习近平关于党风廉政建设和反腐败斗争论述摘编》，中央文献出版社、中国方正出版社2015年版，第145页。

② 习近平：《之江新语》，浙江人民出版社2007年版，第38页。

现实中，有些干部认为收点小礼、拿点小钱、办点小事、犯点小错，都是小打小闹，无伤大雅，甚至以"成大事者不拘小节"来为自己开脱，殊不知腐化堕落的过程不是一蹴而就的，有多少干部都是从接受小恩小惠开始一步一步滑入腐化堕落的深渊。吉林省通榆县交通局原副局长蔡金梗的腐化之路最开始便是从收受某工程咨询公司经理送来的两箱牛肉、两箱白酒以及鹿茸等礼品开始的，"这不算个啥，值不了几个钱"，他收得心安理得。后来蔡金梗又先后收受他人贿赂的2000元购物卡和5000元现金，事后他仍觉得："为人办事，收点小钱是正常的，不算个事。"一步错，步步错，贪欲之门一旦打开，就无法关闭。由此，他便一发不可收拾，开始挖空心思利用手中权力谋取物质利益，最终东窗事发，锒铛入狱。

因此，作为国家治理主体的广大领导干部，应始终牢记"勿以恶小而为之"的道理，做到慎独、慎初、慎微。被康熙誉为"天下第一清官"的张伯行曾任福建巡抚、江苏巡抚、礼部尚书等多个国家要职。他为人清廉刚直，从不收受礼物，并极力反对以馈赠之名行贿赂之实。在江苏巡抚任上，张伯行为拒绝送礼者，特地撰写了一篇名为《禁止馈送檄》的告示，张贴于居所院门及巡抚衙门。文中写道："一丝一粒，我之名节；一厘一毫，民之脂膏。宽一分，民受赐不止一分；取一文，我为人不值一文。谁云交际之常，廉耻实伤；倘非不义之财，此物何来？"意思是说"一丝一粒"虽小，却牵涉我的名节；"一厘一毫"虽微，却都是民脂民膏。对百姓宽待一分，那么百姓所受的恩赐就不止一分；向百姓多索取一文，那么我的为人便一文不值。那些送礼者见此犀利檄文，不敢自讨没趣，便悄然离开。这篇檄文也不胫而走，广为传诵，被视作为政清廉的"金绳铁矩"。这篇《禁止馈送檄》，全文仅56字，共用了8个"一"字，充分表达了张伯行关心百姓疾苦、注重个人名节、反对送礼行贿的主张。由此，我们也可以看到，慎小事、守小节不仅是涵养自身德性之基，更是关系民生福祉之大事。民生无小事，枝叶总关情，解决细微的民生琐事，实则是治国理政的大事，关系社会稳定、国家前途命运，必须以小心谨慎的态度来对待，容不得一丝懈怠和半点马虎。正如清代经学家万斯大在《周官辨非·天官》中所指出的："利民之事，丝发必兴；厉民之事，毫末必去。"也就是说，凡是有利于百姓的事情，即使再小也要去做；凡是危害百姓的事情，即使再小也要革除。

要守住内心，就要做到正心明道、怀德自重

守住内心，就是要守住执政为民的大道。《省心录》有言："坐密室如通衢，驭寸心如六马，可以免过。心不清则无以见道，志不确则无以立功。"意思是说坐在密室中的时候，要把密室"当作"四通八达的大道，人来人往，你自己是处于世人的眼光之下的。驾驭自己的方寸之心的时候，就要像驾驭六匹马拉的车，平稳、坦荡而协调有序，不要偏离"正道"、"大道"，要能做到这样，就可避免过失了。大道之行，天下为公。所谓"大道"就是为"大公"、行"大义"、求"大我"。共产党人攻坚克难、敢于牺牲为的就是大公、守的就是大义、求的就是大我。共产党人的"大公"就是代表最广大人民根本利益，没有任何自己特殊的利益；共产党人的"大义"就是全心全意为人民服务，站稳人民立场；共产党人的"大我"就是以人民的幸福为幸福，团结带领中国人民不断为美好生活而奋斗。而要行大道于天下，必当正其心，心不正则道不明，心里不洁静，有了贪念，有了私欲，必然会偏离"大道"。只有做到心中有戒，心中有矩，明大德、守公德、严私德，才能守住大道，从而做到正心明道、怀德自重，行稳而致远。正如习近平总书记所指出的："干部的党性修养、思想觉悟、道德水平不会随着党龄的增加而自然提高，也不会随着职务的升迁而自然提高，而需要终生努力。成为好干部，就要不断改造主观世界、加强党性修养、加强品格陶冶。要时刻用党章、用共产党员标准要求自己，要有'与人不求备，检身若不及'的精神，时刻自重自省自警自励，努力做到'心不动于微利之诱，目不眩于五色之惑'，老老实实做人，踏踏实实干事，清清白白为官。"①原保山地委书记杨善洲就是这样的楷模，一辈子为民造福，一辈子淡泊地位名利，一辈子公而忘私、廉洁奉公。上世纪七八十年代，杨善洲所在村的许多人家都建起了土木结构的瓦房，但他家仍住在茅草房里。面对老屋漏雨，他跟家里人说："我没有钱，你们要暂时克服困难，漏雨就买几个盆接一下。"1992年，他在大亮山林场盖起了第一间砖瓦房，却把它让给了新来的技术员，自己仍住在油毛毡棚里。有一次他下村住在一户农家，这家人觉得伙食差，对不起他，偷偷退回两角饭钱，他硬是赶了一百里夜路还了回去。在一些人眼里，他就是个不讲究吃穿住行的"傻子"。他却说，"有人说我是自讨苦吃，其实你们不知道我有多快乐"，"如果说共产党

---

① 《十八大以来重要文献选编》(上)，中央文献出版社2014年版，第341—342页。

人有职业病，这个病就是'自讨苦吃'"。

要正心明道，就要常破"心中贼"

所谓"心中贼"，就是人内心的私欲和贪欲，就是人内心的阴暗面。古人讲的"天下之难持者莫如心，天下之易染者莫如欲"就是这个道理。世间之事，最难把持的是人的内心，最容易受到沾染的是人的欲望。明代大儒王阳明也曾告诫我们："破山中贼易，破心中贼难。"在王阳明看来，想要打败山里的贼寇非常容易，但是想要击败人内心的各种贪欲恶念，就非常困难了。为什么这么讲呢？他进一步指出，那些贪官污吏，千方百计地贪赃枉法，压榨百姓，才使得百姓闹事造反，他们的私心，也就是百姓的贼、朝廷的贼；一切人的私心，都是人们良心的贼！个人清除私心，才能做个好人；官员们清除私心，国家和百姓才能安居乐业，才能天下太平。但是，要破除人们的私心（心中之贼），却是很困难啊！对于广大党员干部来说，一旦有了"心中贼"，自我革命意志就会衰退，就会违背初心、忘记使命，就会突破道德和纪律底线甚至违法犯罪。所以必须重视道德教化。

王阳明

知识链接

王阳明（1472—1529年），名守仁，字伯安，世称阳明先生，浙江宁波余姚人，我国明代著名哲学家、教育家、政治家和军事家。弘治十二年（1499年）中进士，观政工部，后授刑部主事、兵部主事起，历任贵州龙场驿丞、庐陵知县、左佥都御史、南赣巡抚、两广总督、南京兵部尚书、左都御史等职，接连平定南赣、两广盗乱及朱宸濠之乱，获封新建伯，成为明代凭借军功封爵的三位文臣之一。嘉靖七年十一月（1529年1月9日）逝世，时年五十七。明穆宗继位，追赠其为新建侯，谥号"文成"。万历十二年（1584年），从祀于孔庙。王阳明在哲学上提出了"致良知""知行合一"的命题，冲击了僵化的程朱理学，最终集"心学"之大成。"阳明心学"的思想本质是强调个性化的发展、个人意愿的尊重及个体创造力的调动，至今仍有很强的现实意义。王阳明被很多名人学者公认为明朝第一流人物，立德、立功、立言，皆居绝顶。

要破除"心中贼"，就要勤掸"思想尘"、多思"贪欲害"，以内无妄思保证外无妄动。古人云："求木之长者，必固其根本。"思想是本，行动是形，思想是行动的先导，如果思想上松一寸，行动上就会散一尺，如果思想上蒙了尘，行动上就会迷失方向。曾子曰："吾日三省吾身：为人谋而不忠乎？与朋友交而不信乎？传不习乎？"这就要求我们要时常反思自我、审视自我、矫正自我，只有端正自己的思想，格除自身的杂念和贪欲，勤掸"思想尘"、多思"贪欲害"，才能达到内心澄明至诚，行大道而利天下。《礼记·大学》有言："古之欲明明德于天下者，先治其国；欲治其国者，先齐其家；欲齐其家者，先修其身；欲修其身者，先正其心；欲正其心者，先诚其意；欲诚其意者，先致其知，致知在格物。"古人所推崇的修身齐家治国平天下，修身是第一位的，是做到"齐家治国平天下"的根基和起点。我们共产党人更应该强化自我修炼、自我约束、自我塑造，养浩然之正气，立君子之威风，在廉洁自律上作出表率。正如习近平总书记在2018年1月11日十九届中央纪委二次全会上发表的重要讲话中所指出的："古人说，'内无妄思，外无妄动'。党的领导干部更要对组织和人民常怀感恩敬畏之心，对功名利禄要知足，对物质享受和个人待遇要知止。'惟江上之清风，与山间之明月，耳得之而为声，目遇之而成色，取之无禁，用之不竭。'苏轼的这份情怀，正是今人所欠缺的，也是最为珍贵的。生不带来、死不带去。想通这个道理，就一定能够以身作则、以上率下，以清廉养浩然正气。"①

三、层层设防、处处设防

习近平强调指出："干部守住守牢拒腐防变防线，要层层设防、处处设防。"②要守住守牢拒腐防变防线并非易事，必须高标准，严要求，把好每一道关口、守牢每一道防线，全方位扎密织牢拒腐防变防线。

要守住政治关

要守住政治关，就要时刻绷紧旗帜鲜明讲政治这根弦，在大是大非面前、在政治原则问题上做到头脑特别清醒、立场特别坚定，决不当两面派、做两面人，决不拿党的原则做交易。在革命时期，一些共产党员革命意志薄弱，缺乏坚定的理想信念和崇高的精

---

① 《筑牢理想信念根基树立践行正确政绩观 在新时代新征程上留下无悔的奋斗足迹》，《人民日报》2022年3月2日。

② 同上。

神追求，贪生怕死、爱慕虚荣，必然经不起敌人的威逼利诱，经不起残酷的斗争考验；在建设和改革时期，一些共产党员把革命与建设割裂开来，肤浅地认为"现在的革命任务已经完成，同志无须再努力"，躺在过去的功劳簿上睡大觉；还有的利欲熏心，理想信念步步退缩，信奉所谓"理想理想，有利就想；前途前途，有钱就图"的拜金主义和个人享乐主义价值观。在这种错误价值观指引下，一些人贪图享乐，只讲索取不谈奉献；有的务虚头头是道，工作敷衍搪塞；有的台上正襟危坐、一本正经，台下徇私舞弊、贪赃枉法；有的白天规规矩矩，晚上灯红酒绿、纸醉金迷。在一些党员干部眼里，政治信仰是虚无缥缈的，理想信念是说给别人听的，只有权力和金钱才是实实在在的。这就是习近平总书记多次谈到的口是心非的"两面人"。

"两面人"

知识链接

　　习近平总书记给"两面人"画像：有的修身不真修、信仰不真信，很会伪装，喜欢表演作秀，表里不一、欺上瞒下，说一套、做一套，台上一套、台下一套，当面一套、背后一套，手腕高得很；有的公开场合要党员、干部坚定理想信念，背地里自己不敬苍生敬鬼神，笃信风水、迷信"大师"；有的口头上表态坚定不移反腐败，背地里对涉及领导干部的问题线索不追问、不报告；有的张口"廉洁"、闭口"清正"，私底下却疯狂敛财。

因此，要守住政治关，必须旗帜鲜明讲政治。党的十九大报告明确强调："旗帜鲜明讲政治是我们党作为马克思主义政党的根本要求。"形成风清气正的政治生态，必须旗帜鲜明讲政治，培育新风正气，涤荡歪风邪气，凝聚推进党的建设的强大正能量。旗帜鲜明讲政治，就是要增强政治意识、大局意识、核心意识、看齐意识，牢固树立中国特色社会主义道路自信、理论自信、制度自信、文化自信，坚决维护以习近平同志为核心的党中央权威和集中统一领导，自觉在思想上政治上行动上同党中央保持高度一致；就是要加强党性锻炼，不断提高政治觉悟和政治能力，永葆共产党人的政治本色；就是要坚定政治立场，明确政治站位，同一切否定党的领导、否定中国特色社会主义、否定社会主义市场经济的错误思想和行为作坚决斗争。

要守住政治关，还必须加强政治历练。领导干部特别是年轻干部要对党的政治纪律和政治规矩怀有敬畏之心，自觉加强政治历练，增强政治自制力，始终做政治上的"明白人""老实人"。要牢记自己"共产党员"的第一身份，做到知行合一，时刻保持头脑清醒、立场坚定，始终听党话、跟党走，做到坚持党的领导、拥护党的纲领、执行党的决定，任何时候都不含糊，任何情况都不动摇。要始终把讲政治摆在首位，做到中央提倡的坚决响应，中央决定的坚决执行，中央禁止的坚决不做，确保各项决策部署落地见效。要在实践磨炼中强化政治担当，敢于担当、履职尽责，以"咬定青山不放松"的干劲抓工作、谋事业，以"抓铁有痕、踏石留印"的韧劲攻难关、克险阻，危急关头敢挺身、困难面前敢碰硬、阻力面前敢担当，逢山敢于开路，逆水继续行舟，多接一接"烫手的山芋"，多当一当"热锅上的蚂蚁"，经风雨、苦心志、壮筋骨，方能练就一颗"大心脏"、磨出一手"硬茧子"、锻造一身"硬身板"，把自己锻炼成为烈火真金。

要守住权力关

要守住权力关，就要始终保持对权力的敬畏感，坚持公正用权、依法用权、为民用权、廉洁用权。守住权力关的关键就是要敬畏手中的权力，正确使用手中的权力。权力是一把双刃剑，用得好利国利民，造福一方；用得不好祸国殃民，为害一方。习近平在《之江新语》一书中曾指出："党员领导干部务必珍惜权力、管好权力、慎用权力。正确行使权力，掌权为公、用权为民则群众喜、个人荣、事业兴；错误行使权力，甚至滥用权力，掌权为己、用权于私，则群众怨、声名败、事业损。"[①]心存敬畏之心，方能行有所止。因此，广大党员领导干部必须对权力有敬畏之心，要时刻铭记手中的权力是由人民所赋予的，是老百姓的重托和信任，更是自己的责任和担当，决不能任意妄为，将人民赋予的公权当作自己的私权。正确使用手中的权力，就要始终做到为民用权、廉洁用权。

"治政之要在于安民，安民之道在于察其疾苦。"群众利益无小事，凡是涉及群众的切身利益和实际困难的事情，再小也要尽全力去办。要时刻把"人民满意不满意"作为衡量工作得失的唯一标准。对答应群众的事，必须及时尽力去办；对能解决的事，必须马

---

① 习近平：《之江新语》，浙江人民出版社2007年版，第260页。

上解决；对群众的实际困难，要时刻挂在心上。要从群众最关心、最迫切需要解决的实际问题入手，下大气力解决好群众反映强烈的突出问题。要重点解决好关系人民群众切身利益的教育、就业、收入分配、社会保障、住房、医疗等问题，切实帮助群众尤其是困难群众解决实际困难，努力使人民生活得更加幸福、更有尊严。

要守住交往关

交往要有原则，有规矩。正所谓"与善人居，如入芝兰之室，久而不闻其香，即与之化矣。与不善人居，如入鲍鱼之肆，久而不闻其臭，亦与之化矣。丹之所藏者赤，漆之所藏者黑，是以君子必慎其所处者焉"。意思是说和品行高尚的人结交，就像走进种植香草的屋子里一样，时间长了便闻不到香味，但本身已经被它同化了；和品行低劣的人结交朋友，就像走进了卖咸鱼的铺子，时间长了也闻不到它的臭味，也是已经被它同化了；藏朱砂的地方时间长了会变红，藏墨漆的地方时间长了会变黑，所以君子必须谨慎地选择相处之人啊。《论语》中也讲道："益者三友，损者三友。友直、友谅、友多闻，益矣；友便辟、友善柔、友便佞，损矣。"这些论述都充分说明了择善而交、择贤而交、择直而交的重要性。

要不断净化社交圈、生活圈、朋友圈。"八小时外"的社交圈、生活圈、朋友圈是党员干部腐败的"滋生区"和"重灾区"。《关于新形势下党内政治生活的若干准则》明确指出，党员干部特别是高级干部必须自觉净化社交圈、生活圈、朋友圈，决不能把商品交换那一套搬到党内政治生活和工作中来。浙江省临安市委原常委、原常务副市长胡竑本是一个性格内向之人，朋友并不多，但任职重要岗位后，身边忽然多了几个"亲密朋友"。胡竑家里只要有事，这些"朋友"比亲戚跑得都快；知道胡竑喜欢打牌，他们便随叫随到，连大年三十晚上都驱车赶到胡竑老家陪他打牌；逢年过节厚礼走动。这些"朋友"的鞍前马后极大地满足了他的虚荣心。通过向胡氏家族输送利益，这些"朋友"牢牢拴住了胡竑，对于他们提出的要求胡竑几乎有求必应，心甘情愿被"围猎"。习近平总书记多次向各级干部警示"围猎"问题："各种诱惑、算计都冲着你来，各种讨好、捧杀都对着你去。"①因此，我们必须学会透过现象看本质，不要被所谓的温情假象所迷惑，不要被所谓的"江湖义气"所裹挟，领导干部要自觉净化社交圈、生活圈，纯洁朋友圈，做到洁身自好，交往要有分寸、有底线，在"八小时外"更要做到讲政治、讲原则、讲党性。领导干部要多和普通群众交朋友，特别要多交几个能说心里话的基层朋友，这样才有利于了解真实情况，才有利于把工作做好。

要守住生活关

要守住生活关，就要多培养健康情趣，崇尚简朴生活，保持共产党人本色。风成于上，俗形于下。领导干部的生活作风和生活情趣，不仅关系着本人的品行和形象，更关系到党在群众中的威信和形象，对社会风气的形成、对大众生活情趣的培养，具有"上行下效"的示范功能。一个人的生活情趣与其道德情操紧密相连，一个

---

①　习近平：《做焦裕禄式的县委书记》，中央文献出版社2015年版，第4页。

人若追求低俗的生活情趣，趋利媚俗，沉迷于纸醉金迷、灯红酒绿，在德行上必然是操守不严、品行不高。一个人若追求高尚健康的生活情趣，做到去庸俗、远低俗、不媚俗，在德行上必然是严于律己、刚正不阿。《论语》有言："益者三乐，损者三乐。乐节礼乐，乐道人之善，乐多贤友，益矣。乐骄乐，乐佚游，乐宴乐，损矣。"这就是说健康情趣是有益身心的，而低俗的趣乐则是有损身心的。基于此，习近平总书记多次强调广大领导干部要多培养健康的情趣，要注重提升精神境界。他在中央党校2009年春季学期第二批进修班开学典礼上的讲话中讲道："要通过研读历史经典，看成败、鉴是非、知兴替，起到'温故而知新'、'彰往而察来'的作用；通过研读文学经典，陶冶情操、增加才情，做到'腹有诗书气自华'；通过研读哲学经典，改进思维、把握规律，增强哲学思考和思辨能力；通过研读伦理经典，知廉耻、明是非、懂荣辱、辨善恶，培养健全的道德品格。总之，要通过研读优秀传统文化书籍，吸收前人在修身处事、治国理政等方面的智慧和经验，养浩然之气，塑高尚人格，不断提高人文素养和精神境界。"①

要守住生活关，还要崇尚简朴生活，正所谓"静以修身，俭以养德"。节俭的生活可以涵养德性、培养德行，提升人生境界，筑牢理想信念。美国记者哈里森·福尔曼曾在《北行漫记》中写道："党的负责干部住在寒冷的窑洞，吃着简单的饭食，凭借微弱的灯光，长时间地工作。那里没有讲究的陈设，很少物质享受，但是住

---

① 习近平：《领导干部要爱读书读好书善读书》，《学习时报》2009年5月18日。

着头脑敏锐、思想深刻和具有世界眼光的人。"在延安时期，毛泽东生活艰苦朴素，一支铅笔使用到手捏不住时还舍不得丢掉，把铅笔头装在子弹壳上继续用完。不仅毛泽东，党的领导干部皆是如此：朱德"朴素浑如田舍翁"，林伯渠被誉为"革命先锋一老牛"，徐特立"携带两个冰馍馍，一天开会好几处"。

要守住亲情关

要守住亲情关，就要严格家教家风，既要以身作则，又要对亲属子女看得紧一点、管得勤一点。正所谓"一家仁，一国兴仁；一家让，一国兴让；一家贪戾，一国作乱"。领导干部的家风，不仅关系自己的家庭，而且关系党风政风，关系党和国家事业的大局。习近平总书记指出："家风好，就能家道兴盛、和顺美满；家风差，难免殃及子孙、贻害社会。"①家风败坏往往是领导干部走向严重违纪违法的重要原因。根据中央纪委监察部网站公布的数据，从2015年2月13日至12月31日，中央纪委共发布34份部级及以上领导干部纪律处分通报，其中有21人违纪涉及亲属、家属，比例高达62%。青海省公安厅原党委副书记、原副厅长任三动在忏悔录里说："违纪违法路上我走了前半程，她推着我走了后半程。"案发后，任三动曾一度痛恨妻子张某。张某通过任三动结识了许多朋友，经常一起吃饭、娱乐，她也会帮这些朋友们向任三动请托办事，"张姐"的影响力在小圈子里越来越大，甚至一些想结识任三动的人会先去结识、巴结"张姐"。任三动对妻子的行为选择睁一

---

① 习近平：《在会见第一届全国文明家庭代表时的讲话》(2016年12月12日)，人民出版社2016年版，第5页。

只眼、闭一只眼，而这种包容、放纵，也让"枕边人"一步步将他推向了违法犯罪的深渊。

党的十八届六中全会审议通过的《关于新形势下党内政治生活的若干准则》中明确要求："领导干部特别是高级干部必须注重家庭、家教、家风，教育管理好亲属和身边工作人员。""禁止利用职权或影响力为家属亲友谋求特殊照顾，禁止领导干部家属亲友插手领导干部职权范围内的工作、插手人事安排。"良好的家风是塑造个人道德品行的基础，更是家庭兴旺、国家昌盛的基石。因此，广大党员领导干部要始终作家风建设的表率，带头抓好家风，营造好"以廉为荣、以贪为耻"的好家风，继承和弘扬好革命前辈的红色家风，要教育亲属子女树立遵纪守法、艰苦朴素、自食其力的良好观念，明白见利忘义、贪赃枉法都是不道德的道理，要为全社会作表率。被誉为农民兄弟贴心人的凤阳小岗村书记沈浩，办公桌上常年放着一张女儿的照片，背面是女儿稚嫩的一行字："爸爸我爱你，你别做贪官。"这是沈浩离开省城到小岗村时，10岁的女儿写给他的临别赠言。正是良好的家风支撑着沈浩始终怀着深厚的农民情怀，舍小家、为大家、鞠躬尽瘁、死而后已，抒写了当代中国农村优秀基层干部的先进事迹和崇高精神，诠释了优秀共产党人的政治品格，树立了新时期基层干部的良好形象。感动中国推选委员会委员刘汉俊这样评价沈浩："你是一粒种子，深深地埋进这片多情的土地；你是一面旗帜，高高地飘扬在这希望的田野。你把人民捧在心里，人民就把你举过头顶！站起来，你是一尊雕塑；倒下去，你是一座丰碑！"

◆延伸阅读

1. 习近平:《领导干部要树立正确的世界观权力观事业观》,《学习时报》2010年9月6日。

2. 习近平:《做焦裕禄式的县委书记》,中央文献出版社2015年版,第4—7页。

3.《在常学常新中加强理论修养 在知行合一中主动担当作为》,《人民日报》2019年3月2日。

圖深度思考

1.如何做到守住内心、常破"心中贼"?

2.为什么要对权力保持敬畏感?

3."一个人廉洁自律不过关,做人就没有骨气。要牢记清廉是福、贪欲是祸的道理,树立正确的权力观、地位观、利益观,任何时候都要稳得住心神、管得住行为、守得住清白。"谈一谈你对习近平总书记这句话的理解。

第三章

锤炼求真务实的实干精神
树立和践行正确政绩观

要从领导干部特别是主要领导干部抓起，树立正确政绩观，尊重客观实际和群众需求，强化系统思维和科学谋划，多做为民造福的实事好事，杜绝装样子、搞花架子、盲目铺摊子。要落实干部考核、工作检查相关制度，科学评价干部政绩，促进干部更好担当作为。

习近平总书记多次强调："各级领导干部要树立正确的权力观、政绩观、事业观，不慕虚荣，不务虚功，不图虚名，切实做到为官一任、造福一方。"[①]何为政绩？政绩就是为官从政作出的成绩、实绩和功绩；政绩观就是如何看待成绩、如何作出实绩以及取得怎样的功绩。政绩和政绩观的关系是什么呢？列宁有一句名言："没有革命的理论，就不会有革命的运动。"[②]同样的，我们可以说没有正确的政绩观，就不会有正确的政绩。思在行之先，思想驾驭行动、指导行动，只有树立科学的思想和正确的观念，才能行得稳、走得远、干得快。反之，一旦思想观念出现了偏差，那么行动越多就意味着错误越多、危害越大。各级领导干部要以造福人民为最大政绩，不贪小利、不慕虚名，求真务实、真抓实干，树立"功成不必在我"的境界，脚踏实地把既定的行动纲领、战略目标、工作蓝图转变为现实。

一、起决定作用的是党性

从古至今，"政绩"二字都是为官者惦记的"心头肉"和升迁的"垫脚石"。一方面，政绩客观地反映了官员的政治能力，是考评官员的重要标准；另一方面，政绩又折射出一个官员的眼界和追求。领导干部的政绩观集中反映了他的世界观、人生观和价值观，而一

---

① 《坚持人民至上 不断造福人民 把以人民为中心的发展思想落实到各项决策部署和实际工作之中》，《人民日报》2020年5月23日。
② 《列宁选集》第1卷，人民出版社1995年版，第153页。

个人的三观又集中反映了他的宗旨意识和党性修养。正如习近平总书记所说："树立和践行正确政绩观，起决定性作用的是党性。只有党性坚强、摒弃私心杂念，才能保证政绩观不出偏差。"[①]领导干部的党性纯不纯、强不强就体现为他追求的是个人价值，还是人民群众的口碑，他为之奋斗是一时一地的虚名，还是经过历史沉淀之后的真实评价。政绩观出问题从根本上讲是党性修养出了问题，唯有加强党性修养，做到公私分明、先公后私、公而忘私、大公无私，才能做出经受得起历史和人民检验的好政绩、真政绩。

共产党员没有半点个人私利

中国共产党没有自己的特殊利益，始终代表最广大人民的根本利益。先公后私是对党员最基本的要求，要成为一名合格的共产党员，就要把大多数人的利益放在前、把个人的私利放在后，"先天下之忧而忧，后天下之乐而乐"，舍小家为大家。

《道德经》有言："圣人无恒心，以百姓之心为心。"意思就是圣人海纳百川、虚怀若谷，把天下百姓的所思所想装在心中，唯独没有半点关于自己的私欲和杂念。马克思原本拥有优渥的家境和幸福的生活，但他甘愿屈居斗室，饱受贫困、饥饿、冻馁和疾病折磨，为无产阶级的解放事业锻造出强大的理论武器。为什么从古至今，有如此多的仁人志士能够公而忘私，为一项项超越自身生命限度的伟大事业不懈奋斗呢？这是因为他们有着崇高的信仰，而越是崇高

---

① 《筑牢理想信念根基树立践行正确政绩观 在新时代新征程上留下无悔的奋斗足迹》，《人民日报》2022年3月2日。

的信仰，越能使人超越自己的局限，也就越能给人以强大的力量。

共产党员以实现共产主义、实现人类解放为信仰，在这种崇高的信仰面前，任何个人私利都不值一提。中国共产党员的初心与使命是为中国人民谋幸福，为中华民族谋复兴，正是凭借这种为民造福和为国尽忠的初心与使命，中国共产党人才能勇担重担、无私无畏。习近平总书记在 2013 年全国组织工作会议上的讲话中强调："无私才能无畏，无私才敢担当。'心底无私天地宽。'担当就是责任，好干部必须有责任重于泰山的意识，坚持党的原则第一、党的事业第一、人民利益第一，敢于旗帜鲜明，敢于较真碰硬，对工作任劳任怨、尽心竭力、善始善终、善作善成。"[①]

我们说共产党员没有个人私利并不是要否定党员的正当权利，而是要强调党员干部不能以权谋私。共产党员要凭借对共产主义信仰克服以权谋私的欲望。古语有云："天下熙熙皆为利来，天下攘攘皆为利往。"这是对人逐利本性的客观描述，也是芸芸众生普遍的生活态度。普通人只有逐利才能保证基本的生存，但是对于手握权力的官员来说，他就不能像普通人一样过一种为自己谋利的生活。因为公共利益和个人利益在权力面前往往是对立的，权力可以为了个人利益而枉顾公共利益，甚至牺牲公共利益。因此，要作出有利于公共事业和人民福祉的政绩，就必须抛弃个人得失。而且，越是能将个人得失置之度外，就越是能够把有利于人民的事办对、办好。

"万事有为方有尽，此身无我自无穷。"各级党员干部要学习

---

① 《十八大以来重要文献选编》上册，中央文献出版社 2014 年版，第 341 页。

习近平总书记的"无我境界"，将"小我"融入到中华民族伟大复兴的"大我"中，筑牢信仰的根基，坚持实事求是，努力做到公而忘私。

习近平总书记的"无我之境"

王国维在《人间词话》中提出"有我之境"和"无我之境"两种境界："有我之境，以我观物，故物皆著我之色彩；无我之境，以物观物，故不知何者为我，何者为物。""有我"与"无我"，可以用来品评诗词境界，也可以作为衡量做人境界的标准。

2019年3月22日，习近平总书记在罗马会见意大利众议长菲科时谈道："我愿意做到一个'无我'的状态，为中国的发展奉献自己。""我将无我，不负人民"的境界底蕴深厚、意涵深刻，具体是指不为名所累、不为利所困、不为情所惑，最大限度地把自己的时间和精力投入到为国家服务、为人民奉献的工作中，不斤斤计较个人得失，不利用手中的权力为自己谋私。"我将无我，不负人民"是中国共产党坚持以人民为中心的发展思想的生动体现，也是全心全意忧民、爱民、为民、惠民的必然要求。

有私心杂念就办不成实事

实事求是是马克思主义的精髓，是中国共产党的根本思想路线和工作路线。实事求是的认识原则告诉我们，要干出实实在在的政绩就必须坚持一切从实际出发，实事求是地去看待问题和分析问题。实绩是用诚心换来的，一个领导干部假如心不够诚、党性不够强，便会带着先入为主的个人主义、功利主义和主观主义倾向去曲解和裁剪事实，也就无法正确地、全面地、长远地看待问题，就会搞形式主义、干面子工程，为自己的升迁竭泽而渔，透支地方的发展潜力。

习近平总书记在2021年秋季学期中央党校（国家行政学院）中青年干部培训班开班式上指出："坚持从实际出发、实事求是，不只是思想方法问题，也是党性强不强问题。从当前干部队伍实际看，坚持实事求是最需要解决的是党性问题。"①实事求是基础在一个"实"字，求真务实关键在一个"真"字，只有真正认识问题、认识真正的问题，才能解决真正的问题、真正地解决问题。中国特色社会主义事业之所以不断从胜利走向新的胜利，就在于作为领导核心的中国共产党始终坚持实事求是的思想路线，始终代表最广大人民的根本利益。党的十八大以来，以习近平同志为核心的中国共产党人继承并发扬了实事求是的思想路线，坚持问题导向，举旗定向，谋篇布局，在治党治国治军、改革开放发展等各个领域进行了一系列创新探索，确立了"四个全面"战略布局和"五位一体"总体布局，开展了一系列波澜壮阔的伟大实践活动。新时代的中国共产党人在新的历史实践中不断找寻解决问题的方法与路径，推进马克思主义理论的创新和发展，最终形成了习近平新时代中国特色社会主

---

① 《信念坚定对党忠诚实事求是担当作为 努力成为可堪大用能担重任的栋梁之才》，《人民日报》2021年9月2日。

义思想，以全新的视野深化了对共产党执政规律、社会主义建设规律、人类社会发展规律的认识，从理论和实践相结合的层面全面系统地回应了"新时代坚持和发展什么样的中国特色社会主义、怎样坚持和发展中国特色社会主义"这一重大时代课题，开创了新时代中国特色社会主义事业新局面。

历史是最好的老师，一百年来党的历史与实践已反复证明：坚持实事求是对党和国家各项事业至关重要。对一个党员干部来说，他能否做到实事求是就得看他有没有私心杂念，有没有不计个人得失去追求真理、捍卫真理、实现真理的能力和勇气。假如党员干部不能摒弃为己谋利的杂念，那就有可能让形式主义和功利主义的病菌在脑中作祟，最终导致一些不务实、不作为、欺上瞒下、弄虚作假的假政绩产生。

个人私欲过盛就容易犯形式主义错误。习近平总书记对形式主义的根源有过深入的阐释："形式主义实质是主观主义、功利主义，根源是政绩观错位、责任心缺失，用轰轰烈烈的形式代替了扎扎实实的落实，用光鲜亮丽的外表掩盖了矛盾和问题。"①形式主义是政绩观错位的典型表现，是把个人的升迁、家庭的荣誉摆在了党的事业和人民的利益前面，忘记了自己的身份是人民公仆，忘记了党的执政理念是立党为公、执政为民。失去了对党和人民负责的责任心，就会不老实、不诚实，就会说大话、说假话、虚报成绩，用光鲜亮丽的假政绩装点门面。要从根本上破除形式主义，就必须始终坚持

---

① 《习近平关于力戒形式主义官僚主义重要论述选编》，中央文献出版社2020年版，第24页。

全心全意为人民服务的宗旨和实事求是的工作要求，坚持问题导向，多注重内容，少在意形式，求真务实做事，踏踏实实做人。

个人私欲过盛还容易导致主观主义错误。所谓主观主义就是不顾事实，不求实效，好大喜功，胡干蛮干，拍着脑袋铺摊子上项目，造成国家财力、物力和人力的重大损失和极大浪费。主观主义反映出一种赌徒心态，是用党的事业、人民的利益和地方的前途作赌注，换取个人的快速升迁。与形式主义相比，主观主义往往打着干事创业的幌子搞华而不实、劳民伤财的"形象工程"，因此主观主义隐藏得更深，风险更强，危害也更大。《中庸》有云："君子居易以俟命，小人行险以侥幸。"君子心中光风霁月、洒脱晶莹，不为半点私欲所累，不怨天不尤人，素其位而行之，安然自得以等待天命。各级领导干部应如君子一般，不以物喜不以己悲，慎思明辨，宠辱不惊，把私利抛在脑后，把责任扛在肩上，干出一番无愧于自我、无愧于人民、无愧于时代的成绩。

有私心杂念必然脱离群众

"对上负责"与"对下负责"本不是一对矛盾关系，二者是对人民负责的两个不同表现方面。然而，一些领导干部只唯上不唯实、只唯己不唯民、只唯官不唯事，将对上负责和对下负责割裂开来。将全部心思放在保"乌纱帽"上，就必然脱离人民群众。领导干部的政绩观扭曲，很大程度上是因为官本位观念严重，缺失了对人民负责的政治本色。

习近平总书记曾深刻指出："官僚主义实质是封建残余思想作祟，根源是官本位思想严重、权力观扭曲，做官当老爷，高高在上，脱离群众，脱离实际。"①错位的政绩观往往和扭曲的权力观相伴出现，许多干部一旦有了权力，就唯我独尊、自我膨胀，从此不愿深入艰苦地区，不愿解决基层和群众的实际问题，甚至与人民群众"断绝来往"。对待上级搞上有政策、下有对策，选择性执行，变通式落实，一门心思搞"精准留痕"，用假数据假产值应对上级检查。对待下级摆出一副高高在上的样子，颐指气使、横眉竖目。对待人民群众急难愁盼的实际问题慵懒懈怠，对群众提出的问题视而不见，敷衍塞责、推三阻四，习惯性"甩锅"，让群众办事疲于奔命。这些都是封建主义和官僚主义的遗毒，久而久之便会使我们党脱离群众。

正如习近平总书记所说："密切党群、干群关系，保持同人民群众的血肉联系，始终是我们党立于不败之地的根基。一个政党，一个政权，其前途和命运最终取决于人心向背。如果我们脱离群众、失去人民拥护和支持，最终也会走向失败。"②我国正处在改革开放的关键时期，随着经济体制深刻变革、社会结构深刻变动、利益格局深刻调整、思想观念深刻变化，各种社会矛盾逐渐显露。这些新情况，尤其是世情、国情、党情的发展变化，使我们党面临着许多前所未有的考验和风险。在所有的风险和考验中，脱离群众始终是我们最大的执政风险。毛泽东曾说："我们共产党人好比种子，人民好比土地。我们到了一个地方，就要同那里的人民结合起来，在

---

① 中共中央党史和文献研究院：《习近平关于力戒形式主义官僚主义重要论述选编》，中央文献出版社2020年版，第24页。
② 《习近平谈治国理政》第1卷，外文出版社2018年版，第10页。

人民中间生根、开花。"①人民群众从始至终都是我们党的力量源泉，群众路线和群众观点是我们党的传家宝。党的组织、党员和党的干部本身也是群众一员，必须放下官架子，同群众打成一片，绝对不能同群众相对立。如果哪个党组织严重脱离群众而不能坚决改正，那就丧失了力量的源泉，就一定要失败，就会被人民抛弃。

人民群众是历史的创造者，是社会实践的创造者，党的力量来自人民，党的智慧来自人民。干部要干出真政绩必须"接地气""俯下身"，深入基层，面向实践，有了对社会、对群众的深切体认，才能更好地转变工作作风，以敏锐的眼光发现真正的问题，以深厚的积淀增强解决问题的能力，以真切的感受满足群众的需求。政绩不在领导者的头脑中，而在实践的沃土之中，在广大人民群众的日常生活和社会实践之中，要有一番作为就要从人民群众的实践中汲取营养和力量，不断接触，不断深入，因为只有深入，才有心入。

二、为民造福是最大政绩

中国共产党是以马克思主义作为指导思想的政党，马克思主义的根本立场就是我们党的理论的基本价值。无论采取什么样的表达方式，运用什么样的理论形态来述说我们的理论，这个根本立场和价值追求任何时候都不能够动摇。这个立场和价值追求是什么呢？就是人民立场，是为实现中国人民的幸福生活而不懈奋斗。《尚书》

---

① 《毛泽东选集》第4卷，人民出版社1991年版，第1162页。

有言:"民惟邦本,本固邦宁","德惟善政,政在养民"。中国共产党的根基在人民,血脉在人民,力量在人民,为人民而生,因人民而兴。习近平总书记在党的十九大报告中深刻指出:"全党必须牢记,为什么人的问题,是检验一个政党、一个政权性质的试金石。带领人民创造美好生活,是我们党始终不渝的奋斗目标。必须始终把人民利益摆在至高无上的地位,让改革发展成果更多更公平惠及全体人民,朝着实现全体人民共同富裕不断迈进。"[1]全体党员干部必须坚持以人民为中心的发展理念,永远与人民同呼吸、共命运、心连心、肩并肩,永远把人民对美好生活的向往作为奋斗目标,把为人民造福作为自己最大的政绩。

为中国人民谋幸福是中国共产党的初心和使命

孟子云:"士贵立志,志不立则无成。"意思是说君子要成就一番事业,必须有坚定的信仰、崇高的目标和远大的志向。中国共产党人的志向是什么呢?习近平总书记在党的十九大报告中向我们指明:"中国共产党人的初心和使命,就是为中国人民谋幸福,为中华民族谋复兴。"[2]为中国人民谋幸福是中国特色社会主义制度的价值导向,也是中国特色社会主义事业不断取得胜利的根本保证。一代代中国共产党人正是秉承着为人民幸福而不懈奋斗的初心和使命,才创造了人类文明史一个又一个波澜壮阔的人间奇迹,谱写了中华民族从站起来、富起来到强起来的伟大史诗。作为中国特色社会主义事业未来的接班人,党的年轻干部必须始终把人民群众放在心中

---

[1] 《习近平谈治国理政》第3卷,外文出版社2020年版,第35页。
[2] 《习近平谈治国理政》第3卷,外文出版社2020年版,第1页。

的最高位置，并且从党的百年奋斗历程中汲取前进的智慧和力量，以实际行动和真实成绩赢得人民群众的信赖和支持。

《大学》中讲"君子务本，本立而道生"，领导干部干事创业绝对不能在根本问题上犯糊涂，一旦在根本上犯糊涂、出错误，那么做再多的工作也是徒劳。党员干部的根本大事不是为自己谋私，而是全心全意为人民服务，这既是我们党的宗旨，也是所有共产党人的政治灵魂和政治品格。只要我们能够抓住这个根本，就能立于不败之地。党员干部所作的一切政绩都是为了实现好、维护好、发展好最广大人民的根本利益，只有把人民拥护不拥护、赞成不赞成、高兴不高兴、答应不答应作为衡量一切工作的根本标准，才能将以人民为中心的价值追求落实到位，才能使人民共享我国的发展成果。

政绩不只有量的区别，它从根本上是具有人民性的，好的政绩必然深入人心、扎根人民，真的政绩必然得到人民拥护、赞成和支持。正如毛泽东所说："我们共产党人区别于其他任何政党的又一个显著的标志，就是和最广大的人民群众取得最密切的联系。全心全意地为人民服务，一刻也不脱离群众；一切从人民的利益出发，而不是从个人或小集团的利益出发；向人民负责和向党的领导机关负责的一致性；这些就是我们的出发点。"[①]中国共产党是在人民中诞生，又在人民中发展壮大的，我们党执政的基础在人民，权力也来自人民，党员干部只有坚持从群众中来、到群众中去，才能真正履行好自己的职责，完成好自己的使命。

---

① 《毛泽东选集》第3卷，人民出版社1991年版，第1094—1095页。

把好事办到群众的心坎上

许多干部经常发出这样的抱怨：为什么自己做的每件事都对群众有好处，从来得不到群众的信任和理解呢？这种"我为你好，你却不接受"的现象恰恰反映出了群众工作中某些更深层的问题，那就是少数干部未必在工作上或行动上脱离群众，但是在感情上却脱离了群众。人不仅是理性动物，更是感性动物。人民群众不仅需要实实在在的利益，更需要领导干部感情上的支持，我们要把好事、实事办到人民群众的心坎上，让群众有更多更强的获得感、幸福感和被需要感。

什么叫心里装着群众？就是站在群众的角度思考问题，急群众所急，想群众所想，真实地体会人民群众的酸甜苦辣，真切地感知人民群众的喜怒哀乐，真情地思虑人民群众的安危冷暖。孟子有言："禹思天下有溺者，犹己溺之也。稷思天下有饥者，犹己饥之也。"党员干部要学会拉近与人民群众的心灵距离，并以此跨越空间上的距离。在很多时候，人民群众争的不是看得见的真金白银，他们争的是看不见的尊严和态度。为什么像焦裕禄、谷文昌这样的干部能够受到广大群众的认可，这是因为他们不仅善于在行动上与群众同甘共苦，还善于在情感上与群众产生共鸣。政绩不是冷冰冰的项目、工程或业绩，每一项政绩都是有人情味的，都对应着某项人民群众急难愁盼的问题。只有做到心里有群众，照顾群众感情，顾及群众感受，才能干出好政绩。

要解决群众操心事、揪心事、烦心事，就要多向基层去，拜人民为师，进行深入、细致、全面、科学的调查研究。毛泽东是调查研究的大家、行家。早在1931年4月2日的《总政治部关于调查人口和土地状况的通知》中，他就提出"我们的口号是：一、不做调查没有发言权。二、不做正确的调查同样没有发言权"①。当今时代，信息手段十分发达，利用信息工具了解和掌握情况也是一种方式，而且是越来越重要的方式。但不管通信手段多么发达，有多少了解情况的其他渠道，都不能替代亲自深入实际、深入基层、深入群众进行实地的调查研究。因为只有亲自到基层去，才能走近群众、融入群众，同群众面对面、心贴心，与群众融在一起、打成一片，真正成为群众的贴心人。只有深入基层，才能全面而准确地了解人民群众的疾苦和诉求。

中国特色社会主义进入新时代，我国社会主要矛盾已经转化为人民日益增长的美好生活需要和不平衡不充分的发展之间的矛盾。在过去，我国社会生产力水平总体较低，人民群众的需求仅仅是吃饱穿暖、居有定所，经过改革开放40多年的发展，我国已稳定解决了十几亿人的温饱问题，人们不再满足于简单的有饭吃有衣穿，不再满足于有房住有学上，而是想着吃得更好、穿得更美、住得更舒适、行得更便捷，对教育、就业、收入、医疗、消费等方面的需求有了更高的标准。作为党的干部，要把好事办到老百姓心里，就要全面地满足人民群众对美好生活的向往和追求。对待人民群众的养老、医疗、就业、教育等急难愁盼的问题，要真心真意去收集，全心全意去解决。

---

① 《毛泽东文集》第1卷，人民出版社1996年版，第267页。

新时代我国社会主要矛盾与过去的社会主要矛盾相比，是矛盾本身在更高层次、更高水平的展开。人民群众不仅对物质文化生活提出了更高要求，而且在民主、法治、公平、正义、安全、环境等方面的要求日益增长，各级领导干部必须明白，真正的政绩都是让最广大人民群众获得最多的利益，而不是让社会财富流入少数人的腰包。习近平总书记指出："让广大人民群众共享改革发展成果，是社会主义的本质要求，是社会主义制度优越性的集中体现，是我们党坚持全心全意为人民服务根本宗旨的重要体现。这方面问题解决好了，全体人民推动发展的积极性、主动性、创造性就能充分调动起来，国家发展也才能具有最深厚的伟力。"[1]因此，我们必须始终坚持发展成果由人民共享的理念，更好实现人民各项权利，使改革发展成果更多更公平地惠及全体人民。

为人民群众谋福利计长远

"不谋万世者，不足谋一时；不谋全局者，不足谋一域。"党员干部干事创业必须坚持用长远的眼光看问题，既要立足当前、抓好当前，又要深谋远虑、着眼长远，进行战略思维和战略谋划。习近平总书记指出："有些事情是不是好事实事，不能只看群众眼前的需求，还要看是否会有后遗症，是否会'解决一个问题，留下十个遗憾'。"[2]为人民群众谋幸福必须具备战略思维，要有敏锐的洞察力和预见性，我们讲谋长远、求实效，求的不是一时一地之效，而是要

---

[1] 习近平：《在党的十八届五中全会第二次全体会议上的讲话（节选）》，《求是》2016年第1期。

[2] 《筑牢理想信念根基树立践行正确政绩观 在新时代新征程上留下无悔的奋斗足迹》，《人民日报》2022年3月2日。

高瞻远瞩、统揽全局，谋长远利益和全局利益。

何谓真正的领导？毛泽东曾说："什么叫做领导？领导和预见有什么关系？预见就是预先看到前途趋向。如果没有预见，叫不叫领导？我说不叫领导。斯大林说：没有预见就不叫领导，为着领导必须预见。"[①]领导干部的能力高低和成就大小集中体现为他有无预见性和预见性的强弱，因为只有进行长远而科学的预见，才能制定正确的方针、作出正确的决策。毛泽东是当之无愧的大棋手和大战略家。粟裕曾这样评价："毛泽东同志比同时代其他领导同志站得更高，看得更远。"王震多次讲："毛主席至少比我们早看五十年。"为什么在那个英雄辈出的年代，毛泽东成为众多杰出革命家公认的领袖呢？原因就在于，在每一个生死存亡的重要关头，他总能审时度势，高瞻远瞩，按照事物的客观发展规律预测形势的变化，从而抓住主要矛盾，作出正确决策，为党和国家的事业指明前进的方向。

毛泽东一生留下了许多令人叹服的预言。例如，在1916年致萧子升的信中，他预见了中日必有一战。1938年5月，他就在《论持久战》中预言了"亡国论"和"速胜论"都是错误的，抗日战争要经过战略进攻、战略相持和战略反攻三个阶段，中日战争是一场以空间换时间的持久战，最终的胜利必然属于中国。事实上，抗日战争的过程完美地印证了《论持久战》的正确性。1942年，斯大林格勒战役仍在进行中，苏德双方谁胜谁负还没有定数，毛泽东在离苏德战场几千公里外的窑洞里，凭借仅有的一点信息就作出斯大林格

---

① 《毛泽东文集》第3卷，人民出版社1996年版，第394页。

勒战役是世界反法西战争转折点的论断，他对战争形势的预测几乎完全符合未来三年的战争进程。

毛泽东惊人的预见性

1916年，毛泽东预言"二十年内中日必有一战"："思之思之，日人诚我国劲敌！感以纵横万里而屈于三岛，民数号四万万而对此三千万者为之奴，满蒙去而北边动，胡马骎骎入中原，况山东已失，开济之路已为攫去，则入河南矣。二十年内，非一战不足以图存，而国人犹沉酣未觉，注意东事少。愚意吾侪无他事可做，欲完自身以保子孙，止有磨励以待日本。"

1942年，毛泽东预言"斯大林格勒战役是二战转折点"："在斯大林格勒保卫战之后，则形势将和去年完全两样。苏联将举行极大规模的第二个冬季反攻，英美对第二条战线的开辟将无可拖延，欧洲人民也将准备着起义响应。德国及其欧洲伙伴再也无力举行大规模的攻势了，希特勒只好把整个方针转入战略防御。只要迫使希特勒转入了战略防御，法西斯的命运就算完结了。因为像希特勒这样法西斯国家的政治生命和军事生命，从它出生的一天起，就是建立在进攻上面的，进攻一完结，它的生命也就完结了。斯大林格勒一战将停止法西斯的进攻，这一战是带着决定性的。这种决定性，是关系于整个世界战争的。"

好的领导如同高明的棋手，高手之间下棋，谁能比对方多看几步，赢的概率就多几成。做任何事都讲究战略和战术相统一，既要能够仰望星空、胸有全局，又要能够脚踏实地、善作善成。各级领导干部要妥善处理好务虚和务实的关系：一方面通过务虚进行战略擘画，运筹帷幄之中，把握事物发展总体趋势和方向，因势而谋、应势而动、顺势而为；另一方面，要沉下心来、扑下身子，把初心落在行动上，把使命担在肩膀上，把工作落到实处，以"咬定青山不放松"的韧劲、"不破楼兰终不还"的拼劲真抓实干，做到决胜千里之外。

与此同时，领导干部要有胸襟和气魄。长兴之业都需要付出无誉之劳，有的事利不在当代但功在千秋，但是群众不理解、不满意，甚至还要"拍砖"。然而，我们不能因为群众反对，就把好事停下来，也不能因为群众支持，就把坏事干下去。作为党的领导干部，我们不仅要有"苟利国家生死以，岂因祸福避趋之"的担当，还要有"举世誉之而不加劝，举世非之而不加沮"的心境。有很多人、很多事，只有过了几年、几十年甚至上百年才能得到公允的评价，难道中国共产党人要为了一时的荣誉和清名而不去做这些事吗？不对！凡是瞅准了的事，凡是能够经得起历史、人民和实践检验的事，中国共产党人就要抛开所有的流言蜚语，一往无前地去干！

三、业绩都是干出来的

习近平总书记指出："面对新形势新任务，党员干部一定要真抓实干，务实功、出实招、求实效，善作善成，坚决杜绝口号式、表态式、包装式落实的做法。"①"真抓才能攻坚克难，实干才能梦想成真"，注重实干是以习近平同志为核心的党中央治国理政的鲜明风格。总书记多次强调："一分部署，九分落实"，再好的想法如果不能落实到实践中去，也不能取得丝毫的成果和收益。各级党员干部要发扬钉钉子的精神，坚持一张蓝图绘到底，撸起袖子加油干，不折腾、不反复，切实把工作落到实处。

真干才能真出业绩、出真业绩

马克思主义不是书斋里的理论，而是从实践中来、到实践中去的理论，它在指导无产阶级革命实践的过程中实现自己的历史使命，又在这种实践的过程中使自身不断经受检验，获得丰富和发展。实践的观点是马克思主义哲学首要的和基本的观点，中国共产党能够在百年来团结带领人民不断攻坚克难，从一个胜利走向另一个胜利，一个重要原因就在于能够把实践观点摆在首位，在于把握时代精神，不断探索，积极进取，真抓实干，在经历和战胜各种困难与风险中历练自己的勇气、智慧和力量。

真干才能真出业绩、出真业绩，正如习近平总书记在全国劳动模范和先进工作者表彰大会上所指出的那样："社会主义是干出来的，新时代是奋斗出来的。"②实干才是最有力的担当，中国特色社会主义事业要发展，一是看领导干部能不能真抓实干，二是看领导干部能不能带领人民群众共同奋斗。脱贫攻坚的伟大胜利告诉我们：

---

① 《筑牢理想信念根基树立践行正确政绩观 在新时代新征程上留下无悔的奋斗足迹》，《人民日报》2022年3月2日。
② 习近平：《在全国劳动模范和先进工作者表彰大会上的讲话》，《人民日报》2020年11月25日。

幸福不会从天而降，好日子都是拼搏出来的。我们能够全面建成小康社会，历史性地消除了困扰中国人民几千年的绝对贫困问题，正是因为中国共产党领导全国各族人民不懈奋斗，集中力量攻关，万众一心克难，实现了脱真贫、真脱贫。

《中国共产党章程》中有一句为人们所熟知的话："中国共产党是中国工人阶级的先锋队，同时是中国人民和中华民族的先锋队，是中国特色社会主义事业的领导核心。"什么叫先锋队和领导核心呢？先锋队就是走在人民前列的"突击队"，领导核心就是人民群众的"主心骨"。领导干部要真抓实干，就要发扬担当精神，就要扮演好"突击队长"的角色，敢于带头挑最重的担子、啃最硬的骨头、攻最险的山头，拿出"明知山有虎，偏向虎山行"的勇气，引导带动各级干部群众出实招、办实事。

领导干部不仅要以身作则，还要为干事者撑腰。有些干部能干事、想干事，但是缺少施展才能的舞台，原因在于基层干部的权力与责任的不相匹配、责任与错误的不相符合。基层干部干成了事，功劳都归了上级；干错了事，责任都留给了自己。由此便产生了"想干不如不干，有为不如无为""不干不出错，越干错越多""干好了应该，干不好要担责得罪人"等推诿心理和负面情绪。要解决这一问题，就必须重视选拔和使用想干事、敢担当的干部，在考察评价干部时，既看结果，又看过程，明晰其中的权责关系，为担当者担当、为负责者负责，为那些想干事、敢干事，干成事、不出事的党员干部提供良好的干事创业环境。

干事创业必须紧紧依靠群众。人民群众是历史的创造者，如果我们的政策得不到人民群众的信任、拥护和支持，如果领导干部无法调动人民群众的积极性、主动性和创造性，那么一切工作都不可能顺利开展，任何改革都不可能取得成功。习近平总书记指出："没有比人更高的山，没有比脚更长的路。要重视发挥广大基层干部群众的首创精神，让他们的心热起来、行动起来，靠辛勤劳动改变贫困落后面貌。"[①] 长期的革命和执政历程使我们党深刻认识到，党的力量在人民，党的事业靠人民。如今，改革进入攻坚期、深水区，发展方式面临深刻变革，我们更需要问需于群众、问计于群众，激发蕴藏于群众中的无穷创造活力，凝聚他们的智慧和力量，推动各项事业向前发展。

当务之急要紧抓快办

在任何时期，对任何单位，负有主要领导责任的人，都要分清主次和轻重缓急，对于当务之急要当机立断、立说立行，绝对不能犯"拖延症"和"慵懒病"。卸担子、不作为是懒政的表现，见事迟、慢作为也是懒政的表现。有些领导干部办事拖拖拉拉、磨磨唧唧，干什么都不痛不痒，做什么都慢慢吞吞，久而久之就把上级的部署拖黄，把发展的机遇拖没，把人民的期盼拖跑。干事创业必须发扬担当精神和斗争精神，对于定下来的工作，不迟疑、不懈怠、不耽搁，要以雷厉风行的作风全力推进工作的开展。

当今世界面临百年未有之大变局，党和国家各项事业也发生了一系列深刻变化，我们的工作等不起也慢不得。当前，中国正处于

---

① 《脱贫攻坚战冲锋号已经吹响 全党全国咬定目标苦干实干》，《人民日报》2015年11月29日。

爬坡过坎的紧要关口，进入发展关键期、改革攻坚期、矛盾凸显期，许多问题相互交织、叠加呈现：发展不平衡不充分等一些突出问题尚未解决，成为满足人民对美好生活需要的关键性障碍；民生领域还有不少短板；社会矛盾和问题交织叠加；意识形态领域斗争依然激烈；党的建设方面还存在不少薄弱环节，"四大考验"长期而复杂，"四种危险"持久而严峻……可以说，党的任务比之前更为繁重，党的工作比之前更加紧迫。面对如此复杂紧张的形势，不进取就是退步，进取慢同样也是退步。

慢作为、慢落实，表面看是能力不足、办事效率不高，实质上是畏首畏尾、怕担责任。习近平总书记多次强调："改革越到深处，越要担当作为、蹄疾步稳、奋勇前进，不能有任何停一停、歇一歇的懈怠。"①什么是落实？落实就是不折不扣、不留余地地完成上级的任务。落实好中央的政策、决议和指示是下级的天职，我们在实际工作中总会遇到这样那样的困难，但是我们不能以此为借口议而不决、拖拖拉拉，我们要有担当精神、斗争精神，敢抓真抓、实干真干，努力把问题考虑得更周全一些，把措施准备得更细致一些，把困难估计得更充分一些，不找借口，不打折扣地完成上级部署的任务。

行动快人一步，发展就领先一步，一味地等待观望、被动应付，一定抓不住发展的机遇。中国在落后世界现代化进程一个多世纪后，能够再次赶上世界现代化的最新浪潮，不是"等"出来、"靠"出来

---

① 《习近平谈治国理政》第3卷，外文出版社2020年版，第179页。

的，而是用"摸着石头过河"的勇气，用"杀出一条血路"的决心斗争出来的。要抓住机遇谋发展就要敢于担当作为，要用心想事、激情干事，同时要与得过且过、推诿扯皮的现象坚决斗争。孟子曰："如欲平治天下，当今之世，舍我其谁也？"意思是说，君子在职责需要的时候，就要敢于挺身而出，承担为生民立命的责任。在工作中瞻前顾后、拈轻怕重、挑肥拣瘦，只能让历史机遇从身边溜走。领导干部崇尚实干，就要有一种"马上就办、马上就做"的精神。只要看准了的，就紧抓快办，在如今复杂紧张的形势下，谁的行动快人一步，谁就能取得主动、抢占先机。

毛泽东讲："一万年太久，只争朝夕。"在新时代新征程上，容不得我们有半点犹豫、懈怠和彷徨。各级党员干部要把时代赋予我们的机遇把握住、利用好，把全部功夫用在埋头苦干上，把全部精力用在狠抓落实上，以奋进者的姿态昂首向前，勇立时代潮头。

长期任务要久久为功

在中国这样一个大国，实现十几亿人的现代化将是前无古人的伟大事业，也是十分艰难和长远的事业。中华民族伟大复兴不是一朝一夕就能完成的，我们需要擘画整体蓝图，作好长远谋划，制定时间表、路线图，按部就班、稳扎稳打地实现各项发展目标。在此过程中，我们必须保证政策的连续性，做到一张蓝图绘到底，一任接着一任干，避免朝令夕改现象的发生。因此，各级党员干部要发扬钉钉子精神，把雷厉风行与久久为功结合起来，以"功成不必在我"的精神境界和"功成必定有我"的历史担当，真正将党中央的各项远景规划落实到位。

正如习近平总书记所指出的："干事业好比钉钉子。钉钉子往往不是一锤子就能钉好的，而是要一锤一锤接着敲，直到把钉子钉实钉牢，钉牢一颗再钉下一颗，不断钉下去，必然大有成效。如果东一榔头西一棒子，结果很可能是一颗钉子都钉不上、钉不牢。要发扬钉钉子精神，不折腾、不反复，切实把工作干出成效来。'政贵有恒，治须有常。'发扬钉钉子精神，就要一张蓝图绘到底。一张好的蓝图，只要是科学的、切合实际的、符合人民愿望的，就要一茬一茬接着干，干出来的都是实绩。"① 很多时候，有没有新面貌，有没有新气象，并不在于制定一打一打的新规划，喊出一个一个的新口号，而在于结合新的实际，用新的思路、新的举措，脚踏实地把既定的科学目标、好的工作蓝图变为现实。

唯物辩证法告诉我们，事物的联系不仅存在前因后果，而且是作为一个整体存在和发展的。这就要求我们做事情要重视并善于从整体、大局、全局和长远上考虑问题，在工作中坚决做到着眼大局、把握大局、服从大局、服务大局、服从长远。历史的经验和教训告诉我们，一个地方的建设，如果没有长远的规划，往往会导致建设过程中产生严重的失误，甚至留下永久的遗憾。作为党的领导干部，既要立足当前，更要着眼长远，甘做铺垫工作，甘抓未成之事。只有牢固树立"功成不必在我"的理念，才能够自觉站在党和国家事业的大局上想问题、办事情。只有看问题的高度和角度不同、境界

① 中共中央宣传部：《习近平新时代中国特色社会主义思想学习纲要》，学习出版社、人民出版社2019年版，第251页。

和格局不同，才能够胸怀大局、登高望远，明事理、辨是非，知责任、敢担当，跳出地方、部门利益的羁绊，始终以党的事业为重、以百姓之心为心，做到局部利益服从整体利益，小道理服从大道理，确保中央政令畅通、决策落地生根。

"不要人夸颜色好，只留清气满乾坤"，这是"功成不必在我"政绩观的生动表达。我们党在践行初心使命的历史进程中，需要广大党员干部甘当人梯、无私奉献。功绩虽然不一定在我手中实现，但其中却有我的执着和奋斗，有我的心血和汗水；我的名字注定会随着身体掩埋地下而湮灭无闻，但是我的价值和意义却能永远铭刻于历史的长空。

延伸阅读

1. 马克思、恩格斯：《共产党宣言》，人民出版社2018年版。

2. 恩格斯：《在马克思墓前的讲话》，载《马克思恩格斯选集》第3卷，人民出版社1995年版，第1002—1004页。

3. 毛泽东：《在中国共产党第七次全国代表大会上的结论》，载《毛泽东文集》第3卷，人民出版社1996年版，第376—423页。

4. 习近平：《在党的十八届五中全会第二次全体会议上的讲话（节选）》，《求是》2016年第1期。

深度思考

1. 为什么说"树立和践行正确政绩观，起决定性作用的是党性"？

2. 什么是有人情味的政绩？如何干出有人情味的政绩？

3. 为什么说"有些事情是不是好事实事，不能只看群众眼前的需求，还要看是否会有后遗症"？

4. 谈一谈你对习近平总书记关于"如何发扬钉钉子精神"重要论述的理解："干事业好比钉钉子。钉钉子往往不是一锤子就能钉好的，而是要一锤一锤接着敲，直到把钉子钉实钉牢，钉牢一颗再钉下一颗，不断钉下去，必然大有成效。如果东一榔头西一棒子，结果很可能是一颗钉子都钉不上、钉不牢。要发扬钉钉子精神，不折腾、不反复，切实把工作干出成效来。'政贵有恒，治须有常。'发扬钉钉子精神，就要一张蓝图绘到底。一张好的蓝图，只要是科学的、切合实际的、符合人民愿望的，就要一茬一茬接着干，干出来的都是实绩。"

第四章

锤炼堪当大任的素质能力 练就过硬本领

党员干部一定要加强理论学习、厚实理论功底，自觉用新时代党的创新理论观察新形势、研究新情况、解决新问题，使各项工作朝着正确方向、按照客观规律推进。要坚持理论和实践相结合，注重在实践中学真知、悟真谛，加强磨练、增长本领。

习近平总书记曾指出，我们正处在大有可为的新时代。年轻干部要起而行之、勇挑重担，积极投身新时代中国特色社会主义伟大实践，经风雨、见世面，真刀真枪锤炼能力，以过硬本领展现作为、不辱使命。能力本领不是与生俱来的，必须要在理论学习、实践锻炼中提升。本领提升也不是一蹴而就的，需要一个长期的过程，是伴随着自身的成长与修炼而增长的。"非学无以广才，非志无以成学。"当前是世情国情党情正在发生深刻变化的新时代，领导干部练就过硬本领是新形势下提高执政能力、胜任领导工作的必然要求。

一、要胜任领导工作必须练就过硬本领

习近平总书记强调，我们处在前所未有的变革时代，干着前无古人的伟大事业，如果知识不够、眼界不宽、能力不强，就会耽误事。年轻干部精力充沛、思维活跃、接受能力强，正处在长本事、长才干的大好时期，一定要珍惜光阴、不负韶华，如饥似渴学习，一刻不停提高。今天，面对中国特色社会主义的深入实践，干部要胜任领导工作必须练就过硬本领。

练就过硬本领、提升能力具有特别的紧迫性

其一，从世情来看，世界面临百年未有之大变局。英国的狄更斯在《双城记》中描述工业革命发生后的世界的一段精彩表述仍然契合当今时代："那是最美好的时代，那是最糟糕的时代；那是光明的季节，那是黑暗的季节；那是希望的春天，那是失望的冬天……说它好，是最高级的；说它不好，也是最高级的。"一方面，物质

财富不断积累，科技进步日新月异，人类文明发展到历史最高水平；另一方面，地区冲突频频发生，世界不确定性上升。2007年由美国引发的国际金融危机阴魂未散，负面效应尚在继续释放，全球进入大变革、大调整时期。这对我们党统筹国际国内两个大局的能力提出了更高的要求。

其二，从国情来看，我国进入发展起来以后的时期。我国正处在从世界上最大的发展中国家向世界强国迈进的重要阶段，"红眼病"和"树大招风"效应日益显现；我国也进入爬坡过坎、克难攻坚的关键阶段，其他国家发生的一些规律性现象都有可能出现。发展起来以后的问题并不比不发展时少，甚至更多、更复杂。譬如，如何处理利益分配问题是个难题；"互联网"也是一把双刃剑。经济发展进入新常态，发展难度日益增大。如何化解各种风险，有效应对、妥善处理发展起来以后不断出现的新情况、新问题，成为我们党面临的一个重大课题。

其三，从科技革命来看，知识更新周期大大缩短。当今时代，各种新知识、新情况、新事物层出不穷。有人研究过，18世纪以前，知识更新速度为90年左右翻一番；20世纪90年代以来，知识更新加速到3至5年翻一番。近50年来，人类社会创造的知识比过去3000年的总和还要多。有关资料表明，在农耕时代，一个人读几年书，就可以用一辈子；在工业经济时代，一个人读十几年书，才够用一辈子；到了知识经济时代，一个人必须学习一辈子，才能跟上时代前进的脚步。如果我们不努力提高各方面的知识素养，那就难以增强本领，也就没有办法赢得主动、赢得优势、赢得未来。

其四，从党情来看，我们党始终面临"四大考验""四大危险"。党的十九大强调，要深刻认识党面临的执政考验、改革开放考验、市场经济考验、外部环境考验的长期性和复杂性，深刻认识党面临的精神懈怠危险、能力不足危险、脱离群众危险、消极腐败危险的尖锐性和严峻性。有效应对"四大考验"、克服"四大危险"，尤其是克服"能力不足"的危险关乎党的前途命运、兴衰存亡。

其五，从党员干部自身来看，加强学习、提升能力素质是一项政治责任。党员干部特别是领导干部，都担负着党和人民交付的职责。只有不断提高自己、丰富自己，避免陷入少知而迷、不知而盲、无知而乱的困境，才能把党的事业干好，不断提高工作水平和质量，否则将会影响一个单位、一条战线、一个地区的工作。正如习近平总书记指出："领导干部学习不学习不仅仅是自己的事情，本领大小也不仅仅是自己的事情，而是关乎党和国家事业发展的大事情。"[1]这就是所谓"学者非必为仕，而仕者必为学"。

什么是百年未有之大变局？

知识链接

这句话最早是习近平总书记在2018年6月中央外事工作会议上提出的，即"当前，我国处于近代以来最好的发展时期，世界处于百年未有之大变局"。此后，他又多次重申这个论断，多次强调"国际形势正发生前所未有之大变局"，这是对全球形势发展的权威战略判断。

---

[1] 习近平：《在中央党校建校80周年庆祝大会暨2013年春季学期开学典礼上的讲话》，《人民日报》2013年3月3日。

对于"百年未有之大变局"，要从大历史观的角度来看。百年在本质上是一个大历史的概念，是指一个相对较长且正在发生巨大变化的历史时期。这个大变局之"大"、之"变"，具体来说包括以下几个方面：

1.世界经济重心正在发生变化：原来经济中心在大西洋两岸，现在开始向太平洋两岸转移。

2.世界政治格局也在悄然发生重大变化：传统的G7统领世界的格局正在发生变化，G20发挥的影响更大，更为广泛，更为深远。全球化的进程也在发生重大变化，一些国家退群、脱欧，逆全球化的现象开始频频出现。

3.新的科技革命浪潮的出现催生了很多新产业，尤其是新冠肺炎疫情的暴发引发了世界之变，对世界经济产生的影响已经十分深远，并且很有可能影响全球化进程和世界政治格局的变化。

我们在面临世界百年未有之大变局时，机遇和挑战并存，重要的是沉着应对，化危为机，为中国赢得更好的发展。

高度重视学习、练就过硬本领是我们党的优良传统

"事有所成，必是学有所成。"高度重视学习、善于进行学习，是我们党的优良传统和政治优势，是我们党保持和发展先进性、始终走在时代前列的重要保证，也是干部健康成长、提高素质、增强本领、不断进步的重要途径。早在新民主主义革命时期，我们党一

开始就深刻认识到，指导一个伟大革命运动的政党，如果没有革命理论，没有历史知识，没有对于实际运动的深刻了解，要取得胜利是不可能的。1938年10月，毛泽东在党的六届六中全会上号召"来一个全党的学习竞赛"；1939年5月在延安在职干部教育动员大会上进一步提出，"要把全党变成一个大学校"，"全党的同志，研究学问，大家都要学到底，都要进这个无期大学"。从六届六中全会开始，经过延安整风运动，"全党干部学习运动"广泛深入、扎实有效地开展起来。如果没有通过这次学习，大大提高全党的马克思主义理论水平，实现全党在思想上政治上高度统一，就不会有抗日战争和解放战争的胜利，就不会有新中国的建立。

而今我们处在前所未有的变革时代，干着前无古人的伟大事业，党员干部只有认认真真学习、与时俱进学习、持之以恒学习，才能跟上时代潮流，才能担当历史重任。如果知识不够、眼界不宽、能力不强，就会耽误事。过硬的本领是核心竞争力，实打实学到的东西、增长的本事，无论走到哪里，都是最轻便、最有用的行囊，随时随地铺陈，便是一番新天地，关键时刻还能派上大用场。

学习问题，不仅关系党员干部自身的成长进步，而且关系事业的兴衰成败、百姓的幸福安康。学习，既是权利，也是义务。要把学习作为一种政治责任、一种精神追求、一种生活方式，学以立德、学以修身、学以尽职。我们今天的党员干部，大都受过高等教育，学历比较高，学习能力比较强，绝大多数同志对待学习有清醒明确的认识。但同时必须看到，当前一些党员干部的学习状况不容乐观，甚至存有"学习无用"的不良思想倾向。比如，追求享乐、玩物丧志，不好学习；热衷应酬、忙于事务，不勤学习；浅尝辄止、不求甚解，不善学习；知行不一、学用脱节，不会学习。出现这些问题的原因是多方面的，归根结底在于一些同志对学习抱有不正确的观念。有的抱有"差不多"的观念，认为自己现有的知识足够应付工作了，用不着再下苦功夫；有的抱有"无所谓"的观念，认为干工作比什么都重要，光顾着"砍柴"，不知道"磨刀"；有的抱有"顾不上"的观念，强调工作忙，任务重，没时间学习；有的抱有"会吃亏"的观念，看不到主流，只会随波逐流，被所谓的潜规则所左右。这些不良倾向和错误观念，背离了马克思主义学习型政党建设的要求，对党员、干部自身的健康成长影响很大，必须高度重视，严肃纠正。

要深刻认识党员干部的学习水平在很大程度上决定着工作水平和领导水平，真正实现人人是学习之人、时时是学习之机、处处是学习之所、事事是学习之果。党员干部不要怕苦，也不要怕累，保持终身学习精神，练就过硬的学习本领，给老百姓办实事，真正有用地解决问题。如此一名党员和干部，才能够真正地打出好成绩，真正地让人民百姓从心里面去爱戴，去敬仰。本领不是天生的，是要通过学习和实践获得的。在党的十九大报告中，习近平总书记提出要全面增强执政本领，首要的就是增强学习本领。"领导干部只有认认真真地学习、与时俱进地学习、持之以恒地学习，才能始终跟上时代进步的潮流，才能担当起领导重任。"①荀子《劝学篇》有言：

---

① 《领导干部要认认真真学习 老老实实做人干干净净干事》，《人民日报》2008年5月14日。

"学不可以已。"意思是学习是永远不能停止的一件事。领导干部尤其应该清醒地认识到不断学习的重要性。当今时代，很多事情都是新的，世界每时每刻都在发展变化，不断学习、增强本领是广大领导干部履好职、担好责的前提和条件。

中外伟人如何看待读书学习

从真正古典的书籍学起，而不是从那些最要不得的德国经济学简述读物或这些读物的作者的讲稿学起。

——恩格斯

我一生的嗜好，除了革命之外，只有好读书。

——孙中山

我有读不完的书。每天不读书就无法生活。

——毛泽东

我爱好挺多，最大的爱好就是读书，读书已经成为我的一种生活方式。

——习近平

保持危机感是领导干部应对挑战的关键所在，更是防范风险的重要保障

领导干部是否有防范化解重大风险的能力关乎党的命运、国家的命运、民族的命运、人民的福祉。每一位领导干部都必须保持危机感，努力提高自身的本领能力，唯有如此，才能胜任领导工作，我们党才能永葆生机与活力，才能始终站在时代的前列。防范化解

重大风险不仅仅是一个精神状态和主观态度问题，还是一个专业能力和工作本领问题，各级领导干部必须克服"本领恐慌"，既要敢于斗争，也要善于斗争，善作善成。我们要提高综合素质和驾驭能力，遇到重大风险挑战、重大工作困难、重大矛盾斗争，能够做到第一时间进行研究、拿出切实可行的预案、有效推动工作，决不能因为风险而躲避，也不能因为能力不足而胆怯、惧怕。

"吾生而有涯，而知也无涯。"当今国际形势不断发展变化，知识更新换代速度加快，只有加强学习，才能增强工作的科学性、预见性和主动性，才能克服本领不足、本领恐慌、本领落后的问题。越是在发展的关键时期，我国发展面临的各方面风险越是不断积累甚至集中显露。这些风险的性质和表现形式多种多样，从性质上来说，有的风险是全局性的、系统性的，有些风险是局部性的、衍生性的；从时间跨度上来说，有些风险是暂时性的，有些风险是长期性的；从领域上来说，我们面临的重大风险，既包括国内的经济、政治、意识形态、社会风险以及来自自然界的风险，也包括国际经济、政治、军事风险等。正如习近平总书记所指出的，"对各种可能的风险及其原因都要心中有数、对症下药、综合施策，出手及时有力，力争把风险化解在源头，不让小风险演化为大风险，不让个别风险演化为综合风险，不让局部风险演化为区域性或系统性风险，不让经济风险演化为社会政治风险，不让国际风险演化为国内风险"①。因此只有认认真真地学习、与时俱进地学习、持之以恒地学

---

① 习近平：《习近平谈治国理政》（第2卷），北京：外文出版社2017年版，第82页。

习，既重视学习深度，也重视知识宽度，在建立相对稳定的知识结构的同时，不断吸收新鲜知识，才能跟得上时代进步的潮流，才能担当起重任。

习近平总书记关于防范重大风险的重要讲话

我们共产党人的忧患意识，就是忧党、忧国、忧民意识，这是一种责任，更是一种担当。要深刻认识党面临的执政考验、改革开放考验、市场经济考验、外部环境考验的长期性和复杂性，深刻认识党面临的精神懈怠危险、能力不足危险、脱离群众危险、消极腐败危险的尖锐性和严峻性，深刻认识增强自我净化、自我完善、自我革新、自我提高能力的重要性和紧迫性，坚持底线思维，做到居安思危。

——2014年6月30日，在十八届中央政治局第十六次集体学习时的讲话

我们党在内忧外患中诞生，在磨难挫折中成长，在战胜风险挑战中壮大，始终有着强烈的忧患意识、风险意识。

——2018年6月29日，在十九届中央政治局第六次集体学习时的讲话

当前，我国正处于一个大有可为的历史机遇期，发展形势总的是好的，但前进道路不可能一帆风顺，越是取得

知识链接

成绩的时候，越是要有如履薄冰的谨慎，越是要有居安思危的忧患，绝不能犯战略性、颠覆性错误。

——2018年1月5日，在新进中央委员会的委员、候补委员和省部级主要领导干部学习贯彻习近平新时代中国特色社会主义思想和党的十九大精神研讨班上的讲话

二、最根本的本领是理论素养

恩格斯说过："一个民族想要站在科学的最高峰，就一刻也不能没有理论思维。"[①]提高党员干部的自身修养，必须加强理论学习，提高理论素养。领导干部肩负着党和人民交付的职责，要练就过硬本领，就要掌握最根本的理论素养。习近平总书记在2022年春季学期中央党校（国家行政学院）中青年干部培训班开班式上指出，年轻干部要胜任领导工作，需要掌握的本领是很多的，最根本的本领是理论素养。这一重要论述，深刻指出了掌握深厚的理论功底这一最根本本领的极端重要性和现实迫切性。

理论修养是领导干部综合素质的核心

信念不牢，地动山摇。现在党员干部尤其是年轻干部大都学历层次很高，有的还怀揣"十八般武艺"，但缺少的是严格的党内生活锻炼和艰苦复杂环境的考验，更没有经历过像战争年代那种血与火的生死考验。长期生活在和平环境中，年轻干部如何才能补足短板弱项、练就"金刚不坏之身"呢？归结起来还是离不开科学理论

---

① 《马克思恩格斯选集》第3卷，人民出版社1972年版，第467页。

武装。理论修养是干部综合素质的核心，理论上的成熟是政治上成熟的基础。可以这样说，学习和掌握理论的深度，直接影响甚至决定着一个领导干部的政治敏感程度、思维视野广度和思想境界高度。年轻干部只有练好内功，提升理论素养本领，才能更好地解决"总开关"问题，成为可堪大用、能担重任的栋梁之材。

掌握根本本领必须保持理论清醒。政治上的坚定，源于理论上的清醒。年轻干部有学历优势，但政治理论功底往往不是很厚实。这就需要我们抓紧补上理论功底不足的功课，多读精读一些马克思主义经典作家的著作，多读精读一些马克思主义中国化的经典篇章。习近平新时代中国特色社会主义思想是马克思主义中国化最新成果，是经过实践检验、富有实践伟力的强大思想武器，是我们做好一切工作的"指南针""定盘星""金钥匙"。年轻干部最紧要的就是要学懂弄通做实习近平新时代中国特色社会主义思想，真正将其内化于心、外化于行，做到虔诚而执着、至信而深厚。

掌握根本本领必须加强政治历练。加强政治能力训练和政治实践历练，很重要的就是要深化理论学习、提升理论素养。这是贯穿政治生活的根本性任务，也是领导干部的终身课题。年轻干部更应在这方面勤学苦练、增强本领。把每一次严肃的党内政治生活，都作为接受思想洗礼、提升理论素养的最佳学习锻炼机会，作为勇于淬炼自我革命的锐利思想武器，带头学、带头写，带头讲、带头做，对照检视、纠正偏差，真正做到信念如磐、意志如铁，政治坚定、绝对忠诚，清正廉洁、担当负责，不辜负党和人民期望和重托。尤其是在当今世界，知识信息快速更新，学习稍有懈怠就会落伍。

习近平总书记反复强调，要大兴学习之风，在全党营造善于学习、勇于实践的浓厚氛围，建设马克思主义学习型政党，推动建设学习大国。领导干部尤其是年轻干部应具备这样的历史主动和责任担当，继承党的优良学风，认认真真地学习、与时俱进地学习、持之以恒地学习，使自己始终紧跟时代进步潮流，担当起领导重任。

提高理论素养必须认真学习马克思主义理论

一个政党要走在时代前列，一刻也离不开理论指导；一个领导干部要做好本职工作，一刻也离不开理论学习。马克思主义是我们认识世界和改造世界的强大思想武器，是我们做好一切工作的看家本领。在革命战争年代，毛泽东就提出，"如果我们党有一百个至二百个系统地而不是零碎地、实际地而不是空洞地学会了马克思列宁主义的同志，就会大大地提高我们党的战斗力量"[1]。可见学好马克思主义理论对于做好工作的重要性。然而，很多领导干部对基本理论的学习不以为然，认为只要把具体工作干好了就万事大吉；有的领导干部认为马克思主义基本理论太难，不愿意下苦功夫去读原著，或者是浅尝辄止、不求甚解；有的党员干部对理论学习不重视，把自学变不学；有的想起来就学一学，三天打鱼、两天晒网；有的拿学习来装门面；有的学习碎片化、随意化，感兴趣的就学、不感兴趣的就不学。面对复杂的国内外环境，如果缺乏理论指导，是难以战胜各种困难和挑战的。只有学懂了马克思主义基本理论，特别是领会了贯穿其中的马克思主义立场、观点、方法，才能心明眼亮，

---

[1] 《毛泽东选集》第2卷，人民出版社1991年版，第533页。

才能深刻认识和准确把握共产党执政规律、社会主义建设规律、人类社会发展规律，才能始终坚定理想信念，才能在纷繁复杂的形势下坚持科学指导思想和正确前进方向，才能带领人民走对路，才能把中国特色社会主义不断推向前进。

千年来最伟大的思想家

1999年，BBC面向全世界大众进行了一系列投票，以回顾千年来各领域最具影响性的人物。在千年思想家的投票中，马克思超越爱因斯坦和牛顿，名列第一。具体排名为：

1.卡尔·马克思

2.阿尔伯特·爱因斯坦

3.艾萨克·牛顿爵士

4.查尔斯·达尔文

5.圣托马斯·阿奎纳

6.史蒂芬·霍金

7.伊曼纽尔·康德

8.雷内·笛卡儿

9.詹姆斯·麦克斯韦尔

10.弗里德里希·尼采

学习马克思主义基本理论，关键要读马克思主义经典著作。恩格斯曾说，研究理论要根据原著而非第二手的材料，虽然后者要容易得多。二手材料是原著的再加工，学到的多是归纳总结概括的基本原理，无法对马克思主义理论全貌有清晰的认识。毛泽东一直倡导全党学习马克思主义经典著作，并多次列出书单。在1945年党的七大上，毛泽东同志列出五本马列著作（《共产党宣言》《社会主义从空想到科学的发展》《在民主革命中社会民主党的两个策略》《共产主义运动中的"左派"幼稚病》《联共（布）党史简明教程》），并说这五本书"如果有五千人到一万人读过了，并且有大体的了解，那就很好，很有益处"①。读原著，可以从中了解马克思主义发展过程，在各种理论观点的争论和批判中，加深对马克思主义普遍真理的认识。能够从根本上了解马克思主义的真理性，坚定理想信念；能够掌握马克思主义立场观点方法，认识马克思主义的发展进程，做到在继承中坚持，在坚持中发展，在发展中创新。

学习马克思主义基本理论，要重点学习马克思主义哲学。哲学是智慧学，马克思主义哲学在马克思主义基本理论中是基础。陈云曾说："学习理论，最要紧的，是把思想方法搞对头。因此，首先要学哲学，学习正确观察问题的思想方法。如果对辩证唯物主义一窍不通，就总是要犯错误。"②今天，面对复杂的形势，领导干部要保持清醒头脑，全面看待前进路上的主流和支流、出现的矛盾和问题，都离不开马克思主义哲学的指导。现在，领导干部大都接受过专业教育，都有专业知识，但是很多人对马克思主义哲学学习较少，需要在思想方法和工作方法上更进一步。通过掌握马克思主义哲学的

---

① 《毛泽东文集》第3卷，人民出版社1996年版，第417页。
② 《陈云文选》第3卷，人民出版社1995年版，第46页。

世界观和方法论，不断增强工作科学性和全面性，才能不断开创各项工作的新局面新境界。

提高理论素养必须认真学习工作必备的知识

做好领导工作要具备相应的专业知识和能力。"工欲善其事，必先利其器。"专业知识是领导干部工作的"金刚钻"，练就了真功夫，才能做好"瓷器活"。领导干部要结合工作需要来学习，有针对性地学习掌握做好工作、履行职责所必备的专业知识，及时了解和掌握经济、政治、文化、社会等各个领域的新知识，不断更新自己的"知识库存"，提高知识化、专业化水平。同时还应学习国家法律法规。在法治社会，学法懂法用法是领导干部做好工作的基本前提和必备的基本素质。通过学习法律法规，不仅能规避风险，还能提高法治思维，是新时代党员干部的必备素养。

习近平总书记强调，领导干部要结合工作需要来学习，不断提高自己的知识化、专业化水平。学习能力是干部专业化的必备要求，就是要有开放的素质，主动接受新事物、乐于学习新事物、善于探索新事物。习近平总书记既阐明了"过河"的目标，又明确了"过河"必须解决的"桥"或"船"的问题。进入新时代，人民群众对党员干部的要求不断提高，如果一个干部不懂业务知识，外行人干内行事，就会在执行上级决定、落实上级政策中说"外行话"、办"外行事"，损害党和政府的形象。因此，党员干部要提高专业化服务能力，必须按照"干什么学什么、缺什么补什么、弱什么强什么"的原则，结合不同领域、不同岗位干部的专业化需求，深入开展精准化学习，有针对性地进行"补钙""加油""充电"。要把学习专业知识作为提升专业化服务能力的重要途径和根本方法，养成重视学习、勤于学习、终身学习的自觉性。在学习上下真功夫、实功夫、苦功夫，坚持问题导向，坚持真学真知，持之以恒刻苦钻研，学深学透各自工作领域所需的业务知识，打牢专业知识的基础，弥补知识空白、经验盲区、能力弱项，努力成为行业领域的"政策通""一口清""活字典"，成为本职岗位的"行家里手"。

提高理论素养必须认真学习历史

"以铜为镜，可以正衣冠；以史为镜，可以知兴替；以人为镜，可以明得失。"历史蕴含着一个民族、一个国家形成、发展的兴衰成败。2018年习近平总书记在考察山东时曾说，"领导干部要多读一点历史，从历史中汲取更多精神营养"。领导干部学习历史，不仅能够丰富自己的历史知识，开阔眼界和胸襟，更能不断深化对人类社会发展规律、社会主义建设规律和共产党执政规律的认识，不断提高自己的工作能力。

领导干部首先要学习中国历史。中华文明源远流长，历史悠久，四大文明中只有中华文明一脉相承，延续至今。在漫长的发展中，中华民族遭受过无数次来自内部或外部的威胁与挑战，但都一一渡过难关，就在于中华民族形成了具有强大生命力的优良传统。学习中国历史就是要继承中华民族的优良传统，从中汲取智慧，如"天下大同"的理想追求，"天行健，君子以自强不息"的进取精神。学习中国历史，就是要学习中国历史上丰富的治国理政经验，如"德刑相辅""外儒内法"的治国理念以及知人善任的人才观。

领导干部还应学习党史、新中国史、改革开放史、社会主义发展史。习近平总书记在"不忘初心、牢记使命"主题教育总结大会上指出，要学习党史、新中国史、改革开放史、社会主义发展史，这是我们党和国家、我们中华民族的宝贵精神财富。学习"四史"是坚持和发展中国特色社会主义、把党和国家各项事业继续推向前进的必修课，对于不断提升领导干部的党性修养，科学掌握共产党执政规律、社会主义建设规律、人类社会发展规律，具有重要意义。加强对"四史"的学习，做好现实工作，是中国共产党人从初心出发，"究天人之际、通古今之变"以经世致用。

习近平总书记关于牢记历史的重要讲话

各级领导干部还要认真学习党史、国史，知史爱党，知史爱国。要了解我们党和国家事业的来龙去脉，汲取我们党和国家的历史经验，正确了解党和国家历史上的重大事件和重要人物。这对正确认识党情、国情十分必要，对开创未来也十分必要，因为历史是最好的教科书。

——2013年3月1日，在中央党校建校80周年庆祝大会暨2013年春季学期开学典礼上的讲话

历史是最好的教科书。学习党史、国史，是坚持和发展中国特色社会主义、把党和国家各项事业继续推向前进的必修课。这门功课不仅必修，而且必须修好。要继续加强对党史、国史的学习，在对历史的深入思考中做好现实工作、更好走向未来，不断交出坚持和发展中国特色社会

主义的合格答卷。

——2013年6月25日，在十八届中央政治局第七次集体学习时的讲话

历史是最好的教科书，也是最好的清醒剂。

——2014年7月7日，在纪念全民族抗战爆发七十七周年仪式上的讲话

"明镜所以照形，古事所以知今。"今天，我们回顾历史，不是为了从成功中寻求慰藉，更不是为了躺在功劳簿上、为回避今天面临的困难和问题寻找借口，而是为了总结历史经验、把握历史规律，增强开拓前进的勇气和力量。

——2016年7月1日，在庆祝中国共产党成立95周年大会上的讲话

三、自觉用新时代党的创新理论观察新形势、研究新情况、解决新问题

恩格斯指出："马克思的整个世界观不是教义，而是方法。它提供的不是现成的教条，而是进一步研究的出发点和供这种研究使用的方法。"[①]对他们理论中一般原理的实际运用"随时随地都要以当时

[①] 《马克思恩格斯全集》第39卷，人民出版社1974年版，第406页。

的历史条件为转移"。马克思主义的这种实践性特点，从根本上决定了它与社会现实生活、与广大人民群众的社会实践以及与具体的时代条件的紧密联系，决定了它的不竭的创造活力和蓬勃生机，也就决定了它具有不断在实践创新的基础上进行理论创新，用理论创新的成果引领实践创新，在理论创新和实践创新的互动中不断与时俱进的固有理论品质。习近平总书记也指出："要坚持发展地而不是静止地、全面地而不是片面地、系统地而不是零散地、普遍联系地而不是单一孤立地观察事物，妥善处理各种重大关系。任何主观主义、形式主义、机械主义、教条主义、经验主义的观点都是形而上学的思想方法，在实际工作中不可能有好的效果。"[①]世界正处于百年未有之大变局，世情国情党情不断变化发展。我们党也面临如何正确认识和妥善处理发展起来后的新情况新问题。领导干部在工作中遇到的问题越来越多，既有在长期工作中一直没有解决好的老问题，也有以新形式表现出来的老问题，但更多的是前所未见的新问题。如果我们不努力提高各方面的知识素养，不自觉学习各种科学文化知识，不主动加快知识更新、优化知识结构、拓宽眼界和视野，那就难以增强本领，也就没有办法用新时代党的创新理论观察新形势、研究新情况、解决新问题。

观察新形势、研究新情况、解决新问题要有创新精神

一种理论要想保持生命力和创造力，就要随着时代的发展而不断修正、完善和丰富自己的内容，否则就会因为封闭而成为僵化的

---

①　习近平：《辩证唯物主义是中国共产党人的世界观和方法论》，《求是》2019年第1期。

教条。习近平总书记强调:"实践没有止境,理论创新也没有止境。世界每时每刻都在发生变化,中国也每时每刻都在发生变化,我们必须在理论上跟上时代,不断认识规律,不断推进理论创新、实践创新、制度创新、文化创新以及其他各方面创新。"①我们加强理论武装,就必须坚持理论的与时俱进,避免教条主义。

与时俱进的理论之所以具有生机活力,教条主义之所以害人不浅,就在于万事万物的运行发展都遵循了辩证法的规律。马克思说:"辩证法,在其合理形态上,引起资产阶级及其空论主义的代言人的恼怒和恐怖,因为辩证法在对现存事物的肯定的理解中同时包含着对现存事物否定的理解,即对现存事物的必然灭亡的理解;辩证法对每一种既成的形式都是从不断的运动中,因而也是从它的暂时性方面去理解;辩证法不崇拜任何东西,按其本质来说,它是批判的和革命的。"②辩证法的规律揭示出,万事万物都处在不断的生生灭灭的运动变化过程之中,没有什么状态是永恒不变的,没有什么既有形式是终极的存在。任何事物的存在都具有特定的条件性,离开了具体的条件,作为具体的事物都不可能在现实中存在而必然会走向灭亡。理论作为客观现实的主观反映和话语表达,如果不能随着客观事物的发展变化而变化,作为一成不变的结论就难免因为僵化过时而和生动具体的不断变化的事实相背离,也就会因为丧失合理性的条件而转化成为谬误。所谓的真理和谬误实际上只是

---

① 习近平:《决胜全面建成小康社会 夺取新时代中国特色社会主义伟大胜利——在中国共产党第十九次全国代表大会上的报告》,人民出版社2019年版,第26页。
② 《马克思恩格斯选集》第2卷,人民出版社2012年版,第94页。

一步之遥，离开了具体的条件性，真理也就走向了自己的反面，从而成为僵死的教条。教条主义的问题就在于，用固定不变的理论内容强行来对应不断变化着的客观现实，刻舟求剑怎么可能会带来理论和现实的吻合呢？这就好比用一张一直不变的旧地图怎么可能正确认识不断变化的地形呢，用这样的理论来指导实践又怎么可能取得成功呢？而与时俱进的理论之所以具有生机活力，就是这样的理论能够超越静止和片面的局限，不断分析新时代的新的条件性，并在这样生动鲜活的客观事实基础上不断得出新的认识、产生新的理论内容。正如毛泽东在《矛盾论》中所讲的："马克思和恩格斯，同样的列宁和斯大林，他们对于应用辩证法到客观现象的研究的时候，总是指导人们不要带上任何的主观随意性，而必须从客观的实际运动所包含的具体的条件，去看出这些现象中的具体的矛盾、矛盾各方面的具体的地位以及矛盾的具体的相互关系。我们的教条主义者因为没有这种研究态度，所以弄得一无是处。我们必须以教条主义的失败为鉴戒，学会这种研究态度，舍此没有第二种研究法。"①

保持理论的开放性是理论能够与时俱进的必要条件

保持理论的开放性，马克思主义就是最好的例子。正如习近平总书记指出的："马克思主义是不断发展的开放的理论，始终站在时代前沿。马克思一再告诫人们，马克思主义理论不是教条，而是行动指南，必须随着实践的变化而发展。一部马克思主义发展史就是

---

① 《毛泽东选集》第1卷，人民出版社1991年版，第319页。

马克思、恩格斯以及他们的后继者们不断根据时代、实践、认识发展而发展的历史，是不断吸收人类历史上一切优秀思想文化成果丰富自己的历史。"①马克思主义具有真理的力量，一个重要的原因就在于它从来不排斥后继者们对这一理论进行补充和丰富。例如以列宁为主要代表的俄国布尔什维克党人，在马克思主义的指导下，根据俄国革命所面临的时代问题，形成了富有特色的列宁主义，引领了俄国十月革命的胜利；以毛泽东为代表的中国共产党人，把马克思主义的基本原理和中国的革命实践相结合，推进马克思主义中国化，形成了毛泽东思想；以邓小平、江泽民、胡锦涛为代表的中国共产党人，坚持马克思主义的立场观点方法，科学回答"什么是社会主义、如何建设社会主义""建设一个什么样的党、如何建设党""实现什么样的发展、如何发展"等重大理论和实践问题，形成和发展了中国特色社会主义理论体系；党的十八大以来，以习近平同志为核心的党中央，立足于中国特色社会主义进入新时代的历史方位，坚持马克思主义的世界观和方法论，进一步回答了"坚持和发展什么样的中国社会主义以及如何坚持和发展中国特色社会主义"的重大理论和现实问题，不断推动马克思主义中国化时代化大众化，形成了习近平新时代中国特色社会主义思想。正是基于对马克思主义的创造性运用和创新性发展，用不断发展着的理论指导中国的社会主义革命、建设和改革，中国共产党人不断带领人民创造历史伟业。任何一种理论要想实现与时俱进，避免陷入教条主义的误区，

① 习近平：《在纪念马克思诞辰200周年大会上的讲话》，人民出版社2018年版，第9页。

就不能排斥理论的创新，不能排斥对理论的补充、丰富和发展。

保持理论的开放性，就要注重吸收借鉴其他理论的有益观点和成果。世界上绝不存在一种绝对完美的理论，任何一种理论总会有它尚未遇到的新的问题。要想实现理论的不断发展，就要坚持开门搞研究，凡是其他理论中对发展自己有益的观点、思路、概念，我们都应该吸收和借鉴。理论陷入封闭，往往是走向僵化和教条的先兆。同时我们又不能陷入机械论的泥坑，不能把某一种理论方法视为"唯一正确"，不能把其他理论不顾实际情况直接拿来生搬硬套，必须注重甄别、吸收和借鉴，才能够为我所用。所以，要想实现理论的与时俱进，实现理论的开放发展，既不能对其他理论一概排斥，也不能对其他理论照单全收，要保持科学、清醒的判断力，做到"取其精华，去其糟粕"，既保持理论的独立性，又具有强大的包容性。习近平新时代中国特色社会主义思想正是集时代性、系统性、原创性于一体的开放的科学体系。学懂弄通做实习近平新时代中国特色社会主义思想，至关重要的是系统掌握贯穿其中的基本立场观点方法，最根本的是掌握辩证唯物主义和历史唯物主义，努力做到解放思想、实事求是，一切从实际出发，具体问题具体分析，自觉增强"四个意识"、坚定"四个自信"、做到"两个维护"，不断增强工作的原则性、系统性、预见性、创造性，不断开创新时代中国特色社会主义事业各项工作的新局面。学习贯彻习近平新时代中国特色社会主义思想往深里走、往实里走、往心里走，要在推进21世纪马克思主义大众化上下功夫。马克思主义大众化，就是把马克思主义基本原理同中国具体实际和时代特征结合起来，运用马克思主义的立场、观点、方法研究和解决中国的实际问题，坚持和发展马克思主义。中国特色社会主义要前进，社会主义现代化建设要加快，我们就不能把书本上的个别论断当作束缚自己思想和手脚的教条，而要适应国内外形势新变化、顺应人民新期待，大胆探索，勇于开拓，积极吸收和借鉴人类社会创造的一切文明成果，坚决破除一切妨碍科学发展的思想观念和体制机制弊端，在理论和实践相统一的基础上不断进行理论创新和实践创新，在理论创新和实践创新的互动中不断开辟中国特色社会主义事业新局面。我们要坚持用马克思主义观察时代、解读时代、引领时代，用鲜活丰富的当代中国实践来推动马克思主义发展，用宽广视野吸收人类创造的一切优秀文明成果，坚持在改革中守正出新、不断超越自己，在开放中博采众长、不断完善自己，不断深化对共产党执政规律、社会主义建设规律、人类社会发展规律的认识，不断开辟当代中国马克思主义、21世纪马克思主义新境界！

在实践中善于总结思考

习近平总书记指出："同样是实践，是不是真正上心用心，是不是善于总结思考，收获大小、提高快慢是不一样的。如果忙忙碌碌，只是机械做事，陷入事务主义，是很难提高认识和工作水平的。"① 正所谓实践出真知，实践是认识的来源和检验其真理性的唯一标准。但要求领导干部学习、建设学习型政党不是要求大家回到书斋，脱离实践地死读书、读死书，而是要坚持理论联系实际，将学到的理

---

① 习近平：《努力成为可堪大用能担重任的栋梁之才》，《求是》2022年第3期。

论知识运用到实践中去。领导干部要不断反思这个时代，才能把握这个时代；不断反思实践、反思所出现的问题，才能更好地胜任工作。当下，不少党员干部都具有学历高、理论知识丰富、视野宽广等优势，但也存在着明显不足，如经历重大斗争、考验的经验欠缺，在处理问题时易出现眼高手低、说得好做得差、想法多办法少等问题。理论知识再丰富，不到实践中检验并反思，终究只是"纸上谈兵"。事物是不断变化发展的，在解决一个矛盾的过程中会涌现出很多新矛盾，在与这些矛盾的不断斗争中，吃苦头、找办法，才能让意志得到锻炼，斗争本领得到不断提高。党和人民事业长远发展必须要求广大党员干部特别是年轻干部在新时代的实践中锻炼成长，以"踏平坎坷成大道，斗罢艰险又出发"的顽强意志，应对好每一场重大风险挑战，切实把改革发展稳定各项工作做实做好。我们党是一个善于总结经验教训，具有很大"弹性"的政党。正是吸取了苏东剧变的经验教训，中国内部的思想分歧有所缩小，稳住了阵脚，我们党领导的中国特色社会主义道路得以继续坚持；正是吸取了海湾战争的经验教训，中国调整了政策，重新规划和加速推进了国防现代化建设，经过20年的努力，为中国的现代化提供了和平保证；正是吸取了1997年的亚洲金融危机的经验教训，我们党认识到了全球化的两面性，在以后的日子里采取了更加审慎、有选择、有步骤地开放，对于经济全球化采取了趋利避害的政策与策略；正是吸取了新世纪以来拉美新自由主义的危机的经验教训，我们党更加坚定了走自己道路的决心和意志，特别是认识到坚持基本经济制度和进行经济调控的重要性。正是在不断地吸取历史经验的过程中，我们党领导人民取得了一个又一个伟大的胜利。新形势下，面对变化莫测的国内外局势，我们更要对照历史这面镜子，深入思考并及时发现党面临的"四大考验"又增加了哪些新因素，深入思考并及时发现"四大危险"又有了哪些新苗头，深入思考并及时发现实际工作方面存在哪些问题和不足，努力做到不逶过、不贰过。

四、坚持理论和实践相结合，注重在实践中学真知、悟真谛

习近平总书记在纪念马克思诞辰 200 周年大会上的讲话中指出，马克思主义是不断发展的开放的理论，始终站在时代前沿。马克思一再告诫人们，马克思主义理论不是教条，而是行动指南，必须随着实践的变化而发展。一部马克思主义发展史就是马克思、恩格斯以及他们的后继者们不断根据时代、实践、认识发展而发展的历史，是不断吸收人类历史上一切优秀思想文化成果丰富自己的历史。

坚持理论和实践相结合要提高调查研究能力

毛泽东曾指出："'没有调查就没有发言权'，这句话，虽然曾经被人讥为'狭隘经验论'的，我却至今不悔；不但不悔，我仍然坚持没有调查是不可能有发言权的。有许多人，'下车伊始'，就哇喇哇喇地发议论，提意见，这也批评，那也指责，其实这种人十个有十个要失败。因为这种议论或批评，没有经过周密调查，不过是无知妄说。"[1]调查研究，是对客观实际情况的调查了解和分析研究，

---

[1] 《毛泽东选集》第3卷，人民出版社1991年版，第791页。

目的是把事情的真相和全貌调查清楚，把问题的本质和规律把握准确，把解决问题的思路和对策研究透彻。搞好调查研究，是进行正确决策的基础和前提。没有调查研究就没有发言权，没有调查研究更没有决策权。党的各项工作千头万绪，出现了许多新情况、新问题，关系到群众的切身利益，这就要求各级党组织和党员干部不做"三拍干部"，每作出一项决策，都不能只靠凭空想象，都必须进行认真的调查和研究。

"三拍干部"

知识链接

"三拍干部"就是：拍脑袋决策，拍胸脯表态，拍屁股走人。不作调查，没有研究，上情不清，下情不明，一旦心血来潮就出主意、作决策，这叫"拍脑袋决策"；上级询问时，因为情况不明，所以决心很大，又信誓旦旦，胸脯一拍表示"没问题"，这叫"拍胸脯表态"；当最后承诺无法兑现，又不好交代时，只得悄悄地拍拍屁股，丢下一个烂摊子溜之大吉，这叫"拍屁股走人"。

重视调查研究，是我们党在革命、建设、改革各个历史时期做好领导工作、不断取得胜利的重要传家宝。马克思主义的世界观和方法论，党的实事求是的思想路线，党的从群众中来、到群众中去的根本工作路线，都要求我们的领导工作和领导干部必须始终坚持和不断加强调查研究。1930年5月，为了批评和纠正当时红军队伍中存在的教条主义倾向，毛泽东写了《反对本本主义》这篇党的经典文献，提出"没有调查，没有发言权"的著名论断，鲜明地指出"你对某个问题没有调查，就停止你对某个问题的发言权"，"中国革命斗争的胜利要靠中国同志了解中国情况"，"到群众中作实际调查去！"这一论断成为党一切从实际出发，深入群众，形成正确工作方法的行动口号。他还说："没有满腔的热忱，没有眼睛向下的决心，没有求知的渴望，没有放下臭架子、甘当小学生的精神，是一定不能做，也一定做不好的。必须明白：群众是真正的英雄，而我们自己则往往是幼稚可笑的，不了解这一点，就不能得到起码的知识。"①这就启示我们，在调查研究中、在了解情况时要树立正确的群众观。我们要对人民负责，每句话、每个行动、每个决定、每项政策，都必须符合人民群众的利益。要把人民群众当"主人"、当"先生"，要有甘当"小学生"的精神。因为"人民，只有人民，才是创造世界历史的动力"。作为党员干部，如果整天只会坐在办公室里，很难作出求真务实的科学决策。走在田埂上思考，才能使自己的工作"接地气"。到有困难的群众家中多走走，到意见多的地方多转转，听实话、听真话、听心里话，认真搞好调查研究，才能真正了解群众需要什么、期待什么。坐等群众上门，只会让工作变得被动，让群众觉得疏远。由于每个地区的情况不同，遇到的问题也各不相同。党员干部必须根据当地的实际情况，寻求适合本地区发展的路子，做一个多走路的领导，做一个会倾听的领导，做一个善解人意的领导，只有这样，才能掌握第一手资料，决策才能更

---

① 《毛泽东选集》第3卷，人民出版社1991年版，第790页。

有依据。

坚持理论和实践相结合要提高群众工作能力

自1679年英国出现第一个资产阶级政党以来，现代意义上的政党政治已历经300多年的历史。众多政党陆续在国家权力的政治舞台上角逐，有的发展壮大乃至长期执政，有的盛极一时却很快人亡政息，更多的则是昙花一现，成为了政治舞台的匆匆过客。这些或悲或喜的结局，无不取决于政党的执政理念和政治立场。历史唯物主义正确地指出，人民，是创造历史的动力，是历史的真正创造者。得民心者得天下，失民心者失天下，古往今来概莫能外。

毛泽东关于"人民是创造历史的动力"的论述

知识链接

　　1960年5月，毛泽东在河南郑州分别会见来自非洲、拉丁美洲、亚洲一些国家的朋友。根据当时负责起草新闻稿的熊向晖记述，毛泽东在阅读新闻稿时，删去了原稿"中国人民在毛泽东主席领导下取得的伟大成就"中的"在毛泽东主席领导下"和"伟大"，改为"中国人民在自己的工作中所取得的成就"。毛泽东说："为什么一定要说毛泽东的领导呀？没有毛泽东，中国人民就取不得成就了？这是唯心史观，不是唯物史观。我把唯物史观的精髓概括成一句话，叫做'人民，只有人民，才是创造世界历史的动力'。过去打仗，靠的是人民；现在建设，靠的还是人民。一切成就都来自人民自己的努力。"他又说：

"领导人和人民也不能等量齐观。今天我向拉丁美洲朋友讲了，你的稿子上也写了，'人民是决定的因素'。应当突出'决定的因素'，不应当突出'非决定的因素'。就是说，应当突出人民，决不要突出个人"。

马克思和恩格斯在《共产党宣言》中指出："过去的一切运动都是少数人的或者为少数人谋利益的运动。无产阶级的运动是绝大多数人的、为绝大多数人谋利益的独立的运动。"列宁在谈到无产阶级文艺为谁服务时指出："它不是为饱食终日的贵妇人服务，不是为百无聊赖、胖得发愁的'一万个上层分子'服务，而是为千千万万劳动人民，为这些国家的精华、国家的力量、国家的未来服务。"① 毛泽东在马克思列宁主义科学世界观的指导下，在领导中国人民进行革命和建设的伟大斗争中，把中国共产党的根本宗旨精辟地概括为"全心全意为人民服务"。我们说全心全意为人民服务是中国共产党的根本宗旨，是因为"为人民服务"是我们党一切工作的目的，一切工作努力服务的对象，此外没有第二个目的，也没有第二个对象。这是由共产党的性质决定的，由无产阶级的科学世界观决定的。中国共产党是工人阶级的先锋队，是各族人民利益的忠实代表。党除了工人阶级和最广大人民群众的利益之外，没有自己的特殊利益。我们党的路线、方针和政策、措施，都应该符合人民的利益，都必须使劳动人民从中得到好处。党之所以有存在的必要，没有别的，

---

① 《列宁全集》第12卷，人民出版社1987年版，第97页。

就在于为人民服务，在于为中国和世界的绝大多数人谋利益。如果离开这个根本宗旨，党就会变质、变色。共产党人如果不把为人民谋利益作为自己一切言论和行动的准则，作为人生目的的出发点和归宿，不想人民之所想，急人民之所急，尽心竭力为人民办事，而去追求个人的权力、地位，以权谋私、权钱交易、行贿受贿、贪污腐化，损害国家和人民的利益，走到党和人民的对立面上去，就是忘记了党的根本宗旨，就不配做一个共产党员。

"全心全意为人民服务"根本宗旨的提出过程

1939年2月，毛泽东致信张闻天，提出"为人民服务"的概念，并从唯物主义道德观角度加以阐述。1942年，毛泽东在延安文艺座谈会上指出，我们的文艺"是为着人民大众的"。1943年，毛泽东在党内指示中提出"为群众服务"的思想。1944年9月8日，在张思德的追悼会上，毛泽东发表《为人民服务》的演讲，第一次从理论上阐明这一思想，十天后发表《坚持为人民服务》讲话。

1944年10月，毛泽东在接见新闻工作者时指出：一定要全心全意为人民服务。在党的七大开幕词中，毛泽东指出："我们应该谦虚，谨慎，戒骄，戒躁，全心全意地为中国人民服务。"1945年4月，毛泽东在党的七大政治报告《论联合政府》中，着重强调"全心全意为人民服务"的思想，并将其写入党章，明确为党的根本宗旨。

知识链接

锤　炼

　　1937年1月30日，毛泽东在《为徐特立六十岁生日写的贺信》中，高度赞扬徐老一贯保持充沛的革命热情和全心全意为人民服务的思想。信中写道："你是我二十年前的先生，你现在仍然是我的先生，你将来必定还是我的先生。当革命失败的时候，许多共产党员离开了共产党，有些甚至跑到敌人那边去了，你却在一九二七年秋天加入共产党，而且取的态度是十分积极的。从那时至今长期的艰苦斗争中，你比许多青年壮年党员还要积极，还要不怕困难，还要虚心学习新的东西。什么'老'，什么'身体精神不行'，什么'困难障碍'，在你面前都降服了。而在有些人面前呢？却做了畏葸不前的借口。你是懂得很多而时刻以为不足，而在有些人本来只有'半桶水'，却偏要'淌得很'。你是心里想的，就是口里说的与手里做的，而在有些人他们心之某一角落，却不免藏着一些腌腌臜臜的东西。你是任何时候都是同群众在一块的，而在有些人却似乎以脱离群众为快乐。你是处处表现自己就是服从党的与革命的纪律之模范，而在有些人却似乎认为纪律只是束缚人家的，自己并不包括在内。你是革命第一，工作第一，他人第一，而在有些人却是出风头第一，休息第一，与自己第一。你总是拣难事做，从来也不躲避责任，而在有些人则只愿意拣轻松事做，遇到担当责任的关头就躲避了。"① 从这里我们可以看到，毛泽东所提出的全心全意地为人民服务宗旨，可以具体化为"革命第一，工作第一，他人第一"。要衡量一个人是否

---

① 《毛泽东文集》第1卷，人民出版社1993年版，第477—478页。

坚持全心全意为人民服务的宗旨，可以具体地从他对待革命、对待工作、对待他人的态度中加以测定。中国共产党始终坚定不移地站在最广大人民群众的立场上，立党为公，执政为民，以全心全意为人民服务作为自己的执政理念，以科学的群众立场作为自己的政治立场。《中国共产党章程》明确指出："中国共产党党员必须全心全意为人民服务，不惜牺牲个人的一切，为实现共产主义奋斗终身。"代表最广大人民群众的根本利益，要求党始终做到全心全意为人民服务、一切从人民的利益出发，这是中国共产党始终奉行的根本宗旨，是区别于其他政党的重要品质。

坚持理论和实践相结合要提高狠抓落实能力

我们党坚持以马克思主义为指导，善于把远大目标、奋斗纲领同脚踏实地、埋头苦干紧密结合起来。我们党自成立已有100年，新中国成立已有70多年，在革命、建设、改革各个历史时期党和人民的事业之所以能够不断取得伟大的成就，我们党之所以在全国各族人民中能够享有崇高的威望，靠的就是把马克思主义基本原理同中国具体实际结合起来形成的正确理论和路线方针政策，靠的就是全党同志团结带领人民群众一步一个脚印地把党的路线方针政策变成认识世界和改造世界的巨大精神力量与物质力量。我们的所有成就，都是干出来的。这里的关键，就是求真务实、真抓实干。如果落实工作抓得不好，再好的方针、政策、措施也会落空，再伟大的目标任务也实现不了。"空谈误国，实干兴邦"，这是千百年来人们从历史经验教训中总结出来的治国理政的一个重要结论。古人曰："道虽迩，不行不至；事虽小，不为不成"，"为政贵在行"，"以实则治，以文则不治"。历史上有许多空谈误国的教训，比如战国时期的赵括，只会"纸上谈兵"，以致40万赵军全军覆没，赵国从此一蹶不振直至灭亡。此类误国之鉴，发人深省。

"空谈误国"的渊源

"空谈误国"一词，来自"清谈误国"。该说法应该源自清代顾炎武先生的总结。习近平同志在党的十八大期间参加上海代表团讨论时纵论中国历史，也提到过魏晋南北朝。魏晋时代，风流名士以清谈为风尚，被王羲之批评为"虚谈废务，浮文妨要，恐非当今所宜"，后人更是批评两晋亡于清谈，遂有顾炎武"清谈误国"之说。关于魏晋南北朝时期的清谈之风，其实是有渊源的。早在魏晋之前，辩论求理之风就长期存在，战国时代的"百家争鸣"，东汉时期的"夺席谈经"，都是士人间的思想学术辩论活动。魏晋清谈直接承继了东汉后期"匹夫抗愤，处士横议"的清议运动。清谈后来不仅是魏晋时期士人的学术交流方式，也成了士人的一种生活方式。他们在乐此不疲的辩论中实践着一种哲学化的人生，这就是所谓的魏晋风度。魏晋时期，名士任情放达，风神萧朗，不拘于礼法，不泥于形迹，高自标置，箕踞啸歌，白眼世俗，居丧食肉，临吊抚琴，纵酒酣畅，放荡形骸。这种放荡不羁的生活方式，最终影响国体和国运，确实让魏晋从此沉沦下去。晋武帝时期的傅玄曾说："使天下无复清议，而亡秦之病，复发于外矣。"没想到，傅玄的"亡秦之病"一语成谶，西晋灭亡似乎验证了他"清谈误国"的论断。

反对空谈、强调实干、注重落实，是我们党的一个优良传统。对于务实的极端重要性，我们党和党的主要领导同志先后都有过很多精辟的阐述。毛泽东要求共产党员一定要有"认真实干"的精神，强调"一件事不做则已，做则必做到底，做到最后胜利"，"什么东西只有抓得很紧，毫不放松，才能抓住。抓而不紧，等于不抓"。邓小平同志强调"少说空话、多干实事"，凡事都"要落在实处"，"开会、讲话都要解决问题"。江泽民同志强调"落实，落实，再落实，因为这是做好一切工作的关键环节"，"不要在层层表态、层层开会、层层造声势上做文章，而要在层层抓落实、层层抓解决问题上下功夫"。胡锦涛同志强调"要坚持发扬共产党人的革命精神和坚持科学求实态度的统一，脚踏实地，埋头苦干，坚决反对形式主义和官僚主义"。习近平总书记强调"最重要的是要抓好落实，言必行、行必果。我们说了不是白说，说了就必须做到，把文件上写的内容一一落到实处"。这些论述，把抓落实的重要意义和基本要求讲得很清楚很深刻，党员干部在工作中要始终遵循和认真贯彻。

锤 炼
ZHUI LIAN

延伸阅读

    1. 毛泽东：《在延安在职干部教育动员大会上的讲话》，载《毛泽东文集》第2卷，人民出版社1993年版，第176—186页。

    2. 习近平：《在中央党校建校80周年庆祝大会暨二〇一三年春季学期开学典礼上的讲话》，《人民日报》2013年3月3日。

深度思考

    1. 学习马克思主义基本理论，对领导干部有何重要意义？

    2. 在运用所学知识时，领导干部应注意哪些方面？

    3. 领导干部应如何处理理论与实践的关系？

第五章

锤炼无私无畏的胸怀格局
发扬担当和斗争精神

担当和斗争是一种精神，最需要的是无私的品格和无畏的勇气。担当和斗争是一种责任，敢于负责才叫真担当、真斗争。担当和斗争是一种格局，坚持局部服从全局、自觉为大局担当更为可贵。

　　党的十八大以来，中国特色社会主义进入新时代，我们战胜一系列重大风险挑战，全面建成小康社会，实现第一个百年奋斗目标。站在迈向第二个百年奋斗目标的新起点，面对百年未有之大变局与中华民族伟大复兴战略全局，回顾中国共产党百年光辉历程，这是一部中华儿女团结在中国共产党旗帜下"为有牺牲多壮志，敢教日月换新天"的英雄史，是一部在中国共产党领导下为实现中华民族伟大复兴中国梦而前赴后继的奋斗史。

　　在民族复兴的前进道路上，面临的风险考验只会越来越复杂，甚至会遇到难以想象的惊涛骇浪。因此，不仅需要中国人民继续英勇斗争，而且对广大干部特别是青年干部提出了更高的要求——正如习近平总书记所指出的："这些年，我们强调必须准备进行具有许多新的历史特点的伟大斗争，正是有了这样的思想准备，我们才能从容应对一系列风险考验。无数事实告诉我们，唯有以狭路相逢勇者胜的气概，敢于斗争、善于斗争，我们才能赢得尊严、赢得主动，切实维护国家主权、安全、发展利益。年轻干部一定要挺起脊梁、冲锋在前，在斗争中经风雨、见世面。"[1]

　　实现伟大梦想必须进行伟大斗争。伟大斗争伴随着伟大工程、伟大事业、伟大梦想的全过程。党的十九届六中全会总结了中国共产党百年奋斗积累了十大宝贵历史经验，"坚持敢于斗争"位列第七。发扬担当和斗争精神，敢于斗争，是中国共产党披荆斩

――――――――――
[1]　《筑牢理想信念根基树立践行正确政绩观 在新时代新征程上留下无悔的奋斗足迹》，《人民日报》2022年3月2日。

棘、克服艰难险阻的中国力量；发扬担当和斗争精神，善于斗争，是中国共产党逢山开路、遇水搭桥的中国智慧；发扬担当和斗争精神，斗争有"道"，是中国共产党赢得民心、改革创新的中国道路。

一、发扬担当和斗争精神要敢于斗争

党的十八大以来，习近平总书记明确提出，"对重大政治原则和大是大非问题，要敢于交锋、敢于亮剑；对恶意攻击、造谣生事，要坚决回击、以正视听"，"要当战士、不当绅士，不做'骑墙派'和'看风派'，不能搞爱惜羽毛那一套"。党的十九大报告中提出，"必须进行具有许多新的历史特点的伟大斗争"。

毛泽东的一生是光辉的一生，也是不懈斗争的一生。少年毛泽东就具有斗争精神，发表了一系列有关"斗争"的重要论述，斗争思想构成了毛泽东思想的鲜明特色。1938年10月14日，毛泽东在扩大的六届六中全会上所作的《中国共产党在民族战争中的地位》，反复强调中国共产党的任务是"领导一个几万万人口的大民族，进行空前的伟大的斗争"，并根据抗日战争进入新阶段的形势和任务，从认识斗争的意义、凝聚斗争的力量、指导斗争的理论等方面，深刻阐述了怎样进行伟大斗争的若干重大问题。毛泽东指出："我们说运动的方向是向着和平、民主和抗战，但不是说不经努力能够把内战、独裁和不抵抗的旧毒扫除干净。旧毒，污浊，革命进程中的某些波折，以及可能的回头路，只有斗争和努力才能够克服，而且需要长期的斗争和努力。"①

中国革命的胜利离不开斗争精神，推动中国特色社会主义建设也呼唤斗争精神。习近平总书记指出："实现伟大的理想，没有平坦的大道可走。夺取坚持和发展中国特色社会主义伟大事业新进展，夺取推进党的建设新的伟大工程新成效，夺取具有许多新的历史特点的伟大斗争新胜利，我们还有许多'雪山'、'草地'需要跨越，还有许多'娄山关'、'腊子口'需要征服，一切贪图安逸、不愿继续艰苦奋斗的想法都是要不得的，一切骄傲自满、不愿继续开拓前进的想法都是要不得的。"②

发扬担当和斗争精神要敢于斗争，要求党员干部筑牢理想信念、勇于担当作为，秉持无私无畏、坚定斗争意志，践行知行合一、增强斗争本领。

筑牢理想信念、勇于担当作为

理想信念是中国共产党人的精神支柱和政治灵魂，也是保持党的团结统一和战斗力的思想基础。中国共产党之所以具有强大的自我驱动能力，之所以具有强大的纠错能力，之所以能够团结带领中国人民从一个胜利走向另一个胜利，归根到底是因为中国共产党有远大理想和崇高追求，中国共产党人坚定对马克思主义、共产主义的信仰，对中国特色社会主义的信念，对实现中华民族伟大复兴的信心。

筑牢理想信念是勇于担当作为的"钙"。筑牢理想信念勇于担

---

① 《毛泽东选集》第1卷，人民出版社1991年版，第273页。
② 《习近平谈治国理政》第2卷，外文出版社2017年版，第49页。

当，就要经常补"钙"。在中国特色社会主义新时代的今天，党员干部要深刻感悟共产党人的初心和使命，学史明理、学史增信、学史崇德、学史力行；要深刻领悟共产党人追求真理的理想信念，立根铸魂，固本培元，筑牢理想信念。坚定的理想信念与事业的不断成功是相得益彰的。

一方面，坚定的理想信念会使人们面对艰难险阻从不动摇。中国共产党在奋斗中诞生、成长和壮大，从起初只有50多名党员的小党到如今拥有9500多万名党员的百年大党，从嘉兴南湖小小红船到世界东方巍巍巨轮。星星之火可以燎原，就在于中国共产党人筑牢矢志不渝、坚定不移、百折不挠的理想信念，具有克服困难、敢于斗争、勇于胜利的政治勇气；就在于中国共产党人有对马克思主义的坚定信仰，对社会主义的强大信念。

另一方面，革命的胜利又反过来进一步夯实人们的理想信念。毛泽东把马克思主义普遍真理与中国革命具体实际结合起来，找到了中国革命的成功道路，确定了正确的方针策略，一个仅有50多人的中国共产党，经过28年浴血奋战就建立了中华人民共和国。毛泽东是伟大的马克思主义者，他不是"刻舟求剑"式接受马克思主义，不是"本本主义"式学习马克思主义。他在《反对本本主义》中精辟地指出："马克思主义的'本本'是要学习的，但是必须同我国的实际情况相结合。我们需要'本本'，但是一定要纠正脱离实际情况的本本主义。"在扩大的六届六中全会上，毛泽东首次明确提出并阐述了"马克思主义中国化"这个重大命题，强调指出："马克思主义的中国化，使之在其每一表现中带着中国的特性，即是说，按照中国的特点去应用它，成为全党亟待了解并亟须解决的问题。"

　　筑牢理想信念是勇于担当作为的"魂"。筑牢理想信念、勇于担当作为，就要求筑"魂"，把忠诚内化于党员干部的血液中。忠诚是一种中华民族优良的传统美德，是一种高尚的道德情操，是中国共产党人安身立命的根本。对党忠诚，就要求忠诚于人民，忠诚于马克思主义，这三者是同一性的。这是因为马克思主义是无产阶级与全人类解放的事业，马克思主义与共产主义的初心就是被共产党人所坚守的灵魂：造福人民，为绝大多数人谋福利。信仰马克思主义与共产主义，就要忠诚于党、忠诚于人民。

　　忠诚是衡量党员干部是否有理想信念的标准。领导干部要忠诚干净担当，忠诚始终是第一位的。对党忠诚，就要求党员干部必须在任何时候任何情况下都要站得稳、靠得住；必须严守党的政治纪律和政治规矩，始终在政治立场、政治方向、政治原则、政治道路上同党中央保持高度一致；必须增强"四个意识"、坚定"四个自信"、做到"两个维护"，经常对照党章党规党纪，不断掸去思想上的灰尘，永葆政治本色。习近平总书记提出的要求是："广大干部特别是年轻干部要在常学常新中加强理论修养，在真学真信中坚定理想信念，在学思践悟中牢记初心使命，在细照笃行中不断修炼自我，在知行合一中主动担当作为，保持对党的忠诚心、对人民的感恩心、对事业的进取心、对法纪的敬畏心，做到信念坚、政治强、本领高、作风硬。"①

---

① 《在常学常新中加强理论修养 在知行合一中主动担当作为》,《人民日报》2019 年 3 月 2 日。

秉持无私无畏、坚定斗争意志

习近平总书记高度评价无私的品格和无畏的勇气，指出："担当和斗争是一种精神，最需要的是无私的品格和无畏的勇气。"[1] 他深入地阐述了无私无畏与担当斗争之间的逻辑关系："无私者无畏，无畏者才能担当、能斗争。担当和斗争是一种责任，敢于负责才叫真担当、真斗争。"[2]

秉持无私无畏是坚定斗争意志的"根"。坚定斗争意志，必须以无私无畏作为共产党员修养的底线。公与私是一道选择题。如果"私"被无限放大，那么就不可能有坚定的斗争意志。大公无私、公私分明、先公后私、公而忘私，这是每一名共产党员必备的修养。

诗人艾青的《在浪尖上》中有这样一段耐人寻味的话："活着的时候越无私，人民的怀念也最永恒。"马克思没有私心，他一生为无产阶级与全人类解放事业而遭到多国政府的驱逐。毛泽东没有私心，作为新中国的缔造者，他为了中国人民的解放事业献出了6位亲人的生命，临终时只有500多元积蓄，124万元稿费全部交给了国家。朱德没有私心，这位名列新中国十大元帅之首的开国功臣从不恃权济私。在党的八大上，朱德说了这样一句话："共产主义者应该是没有私心的人。"

魏晋思想家傅玄言："政在去私，私不去则公道亡。"中国共产党辉煌百年，这不是偶然的，而是历史的必然。中国共产党从诞生

---

[1] 《筑牢理想信念根基树立践行正确政绩观 在新时代新征程上留下无悔的奋斗足迹》，《人民日报》2022年3月2日。

[2] 《筑牢理想信念根基树立践行正确政绩观 在新时代新征程上留下无悔的奋斗足迹》，《人民日报》2022年3月2日。

之日起，就把"为中国人民谋幸福、为中华民族谋复兴"作为初心使命，正是因为中国共产党心底无私，才使党始终成为中国人民和中华民族的先锋队。党员干部必须履行的义务之一就是"始终坚持党和人民的利益高于一切，个人利益服从党和人民的利益"。正是由于共产党人有了无私无畏的坚定斗争意志，我们党无论处于何种境遇，都能得到人民群众的衷心拥护，这也是中国共产党之所以"能"的根本原因。

自甘"埋没"的初心

作家魏巍在《谁是最可爱的人》一文中，把负伤后活下来的松骨峰战斗英雄李玉安错写成烈士。美国作家埃德加·斯诺先生在《红星照耀中国》一书中，曾将照片中的孙毅错写成邓华。被误写的当事人孙毅、李玉安都健在，他们为什么这么长时间都没有站出来，据实提出更正呢?当有人问及此事时，李玉安平静地说："我自入党那天起，也没想图个啥。我虽然为革命流过血、立过功，但咱不能把那当成资本，那些牺牲的战友又得到了什么呢?"孙毅将军回答得直截了当："和烈士相比，我能活到今天，算是幸存者、后死者。不管怎么说，总不能计较那些事。"心底无私、淡泊名利，这就是他们自甘"埋没"的初心。

秉持无私无畏是坚定斗争意志的"本"。坚定斗争意志，必须以无私无畏作为领导干部选拔晋升的标准。党员干部只有一心为公、事事出于公心，才能光明正大，坦荡做人，勇于担当作为，敢于坚持原则，严守规矩底线。细心的人会发现，习近平总书记要求树立正确的公私观已经不是第一次了。早在2014年，他就把公私问题与干部作风问题结合起来论述，指出："作风问题都与公私问题有联系，都与公款、公权有关系。公款姓公，一分一厘都不能乱花；公权为民，一丝一毫都不能私用。领导干部必须时刻清楚这一点，做到公私分明、克己奉公、严格自律。"①

习近平总书记曾反复强调领导干部要心怀"国之大者"。"国之大者"涉及的不仅是一个公私观的问题，而是要求在树立正确公私观的基础上敢于斗争。这也是中国特色社会主义进入新时代，在推进国家治理体系与治理能力现代化过程中衡量领导干部综合素质的标准之一。心怀"国之大者"强调共产党人要秉持无私无畏、坚定斗争的意志，正心明德、怀德自重，严以修身、严以律己，为大公、守大义，讲规矩、守底线；要求共产党人在实际工作中多打大算盘、算大账，少打小算盘、算小账；要求共产党人时刻关注党中央关心的，坚决落实党中央强调的，不断提高自身政治站位，增强科学思维能力。

践行知行合一、增强斗争本领

习近平总书记要求："要坚持理论和实践相结合，注重在实践中学真知、悟真谛，加强磨练、增长本领。"②这句话不仅深刻揭示了

---

① 《习近平谈治国理政》，外文出版社2014年版，第394页。
② 《筑牢理想信念根基树立践行正确政绩观 在新时代新征程上留下无悔的奋斗足迹》，《人民日报》2022年3月2日。

干部学习培训的根本目的，也为广大干部干事创业指明了奋斗方向。

增强斗争本领要求理论联系实际。"理论联系实际"回答了如何正确处理理论与实际的关系。理论联系实际，实事求是，一切从实际出发，是马克思主义的精髓。习近平总书记指出："实事求是，是马克思主义的根本观点，是中国共产党人认识世界、改造世界的根本要求，是我们党的基本思想方法、工作方法、领导方法。不论过去、现在和将来，我们都要坚持一切从实际出发，理论联系实际，在实践中检验真理和发展真理。"①

重视理论联系实际，这是中国共产党实事求是思想路线的集中体现，也是对党员干部思想素质、作风素质的基本要求。1930 年 5 月，毛泽东在《反对本本主义》这篇经典文献中强调理论联系实际，提出"没有调查，没有发言权"的著名论断。习近平总书记强调："我们党一贯重视理论工作，强调理论必须同实践相统一。理论一旦脱离了实践，就会成为僵化的教条，失去活力和生命力。实践如果没有正确理论的指导，也容易'盲人骑瞎马，夜半临深池'。"②党员干部应该重视理论联系实际，不仅要读好"有字之书"，而且要读懂"无字之书"，用习近平新时代中国特色社会主义思想武装思想，以问题导向、目标引领深入基层，踏踏实实做好本职工作。

增强斗争本领要求知行合一。"知行合一"回答了如何正确处理行动与认识的关系问题。习近平总书记提出的具体要求是："面对新

---

① 《习近平谈治国理政》第 1 卷，外文出版社 2018 年版，第 25 页。
② 习近平：《辩证唯物主义是中国共产党人的世界观和方法论》，《求是》2019 年第 1 期。

形势新任务，党员干部一定要真抓实干，务实功、出实招、求实效，善作善成，坚决杜绝口号式、表态式、包装式落实的做法。对当务之急，要立说立行、紧抓快办，不能慢慢吞吞、拖拖拉拉。"①由此可见增强斗争本领要求知行合一包含着三层意思：第一层意思是要有行动力、执行力，杜绝空谈误国；第二次意思是要出实招、出实效，杜绝花拳绣腿；第三层意思是要善作善为，杜绝蛮干蠢干。

党员干部要自觉践行知行合一增强斗争本领，始终以"咬定青山不放松"的干劲履职尽责，以"抓铁有痕、踏石留印"的韧劲逢山开路，工作中不怕碰到"烫手山芋"，敢于磨出"硬茧子"，勇于锻造"硬身板"。

习近平总书记多次强调增强斗争本领的重要性。他曾深刻指出："胜利实现我们党确定的目标任务，必须发扬斗争精神，增强斗争本领。"②那么，如何提高斗争本领呢？习近平总书记认为斗争本领不是与生俱来的，指出了三个有效措施。其一，把增强斗争本领与提高科学预见结合起来——"要增强斗争本领，科学预见形势发展的未来走势、蕴藏其中的机遇和挑战、有利因素和不利因素，透过现象看本质，抓好战略谋划，牢牢掌握斗争主动权。"③其二，把增强斗争本领与党员干部下沉到基层锻炼结合起来——"要有组织、有计划地把干部放到重大斗争一线去真枪真刀磨砺，强弱项、补短板，

① 《筑牢理想信念根基树立践行正确政绩观 在新时代新征程上留下无悔的奋斗足迹》，《人民日报》2022年3月2日。
② 《发扬斗争精神增强斗争本领 为实现"两个一百年"奋斗目标而顽强奋斗》，《人民日报》2019年9月4日。
③ 《树牢"四个意识"坚定"四个自信"坚决做到"两个维护"勇于担当作为 以求真务实作风把党中央决策部署落到实处》，《人民日报》2018年12月27日。

学真本领，练真功夫。"①其三，把增强斗争本领与坚持民主集中制、健全决策机制、加强学习、提高工作能力结合起来——"坚持民主集中制，完善发展党内民主和实行正确集中的相关制度，提高党把方向、谋大局、定政策、促改革的能力。健全决策机制，加强重大决策的调查研究、科学论证、风险评估，强化决策执行、评估、监督。改进党的领导方式和执政方式，增强各级党组织政治功能和组织力。完善担当作为的激励机制，促进各级领导干部增强学习本领、政治领导本领、改革创新本领、科学发展本领、依法执政本领、群众工作本领、狠抓落实本领、驾驭风险本领，发扬斗争精神，增强斗争本领。"②

二、发扬担当和斗争精神要善于斗争

习近平总书记在2019年秋季学期中央党校（国家行政学院）中青年干部培训班开班式上的讲话就要求"掌握马克思主义立场观点方法，夯实敢于斗争、善于斗争的思想根基"。他在2022年春季学期中央党校（国家行政学院）中青年干部培训班开班式上再次强调善于斗争，指出："无数事实告诉我们，唯有以狭路相逢勇者胜的气概，敢于斗争、善于斗争，我们才能赢得尊严、赢得主动，切实维护国家主权、安全、发展利益。"③

---

① 《树牢"四个意识"坚定"四个自信"坚决做到"两个维护"勇于担当作为 以求真务实作风把党中央决策部署落到实处》，《人民日报》2018年12月27日。
② 《中共中央关于坚持和完善中国特色社会主义制度 推进国家治理体系和治理能力现代化若干重大问题的决定》，《人民日报》2019年11月1日。
③ 《筑牢理想信念根基树立践行正确政绩观 在新时代新征程上留下无悔的奋斗足迹》，《人民日报》2022年3月2日。

中国共产党的历史，既是中国共产党带领中国人民敢于斗争的历史，也是善于斗争的历史。在新民主主义革命时期，以毛泽东同志为主要代表的中国共产党人，把马克思列宁主义基本原理同中国革命的具体实践相结合，探索出了"农村包围城市，最后夺取城市"的正确道路。在社会主义改造与社会主义建设时期，中国共产党人敢于斗争、善于斗争，不断发扬包含"英勇顽强、舍生忘死"的革命英雄主义在内的抗美援朝精神，"爱国、创业、求实、奉献"的大庆精神，建立了社会主义基本制度，这为日后中国的"富起来""强起来"打下了坚实的根基。在改革开放和中国特色社会主义建设时期，也是由于敢于斗争、善于斗争，中国共产党带领中国人民取得了改革开放的伟大成就，开辟了中国特色社会主义这条新路，实现了让中国人民富起来的伟大飞跃。经过长期努力，中国特色社会主义进入了新时代，面对"两个大局"，更要求党员干部不仅要敢于斗争，更要善于斗争。

发扬担当和斗争精神要善于斗争，要求党员干部掌握斗争规律，制定斗争策略，提高斗争艺术。

提高理论修养，掌握斗争规律

斗争是残酷的、曲折的，也是复杂的；但是，任何事物的发展变化都逃不脱唯物辩证法的基本规律。因此，党员干部掌握斗争规律并非没有章法可循，"只有针对国内外不断变化的新情况、新问题，认真学习研究马列主义、毛泽东思想的基本理论，掌握科学的世界观和方法论，在改造客观世界的同时改造自己的主观世界，提高与党中央保持一致的自觉性，才能透过纷繁复杂的历史表象，把握历史的潜在规律，预见历史的发展趋势；才能在实践中积累经验，增长才干，提高认识和改造客观世界的能力，增强工作的原则性、系统性、预见性和创造性"①。一句话，掌握斗争规律就需要加强马克思主义学习，不断提高理论修养。

掌握斗争规律要学会矛盾分析法。如何学习马克思主义，重点学习哪个部分？马克思主义是活的理论，不是死的教条。学习马克思主义，就要重点学习马克思主义的方法论，掌握唯物辩证法的基本规律，学会矛盾分析法。

用矛盾分析法去掌握斗争规律，毛泽东树立了一个学习的楷模。毛泽东在《矛盾论》《实践论》《整顿党的作风》《中国革命战争的战略问题》《论持久战》《关于正确处理人民内部矛盾的问题》《人的正确思想是从哪里来的？》等著作中，运用辩证唯物主义结合着中国国情，分析把握了中国革命的规律，指明了中国革命的成功道路与正确策略。

如何看待当前工作的困难与前途，这是我们所有党员干部在具体工作中会遇到的问题。毛泽东的这段话就具有指导意义："我们要承认困难，分析困难，向困难作斗争。世界上没有直路，要准备走曲折的路，不要贪便宜。不能设想，哪一天早上，一切反动派会统统自己跪在地下。总之，前途是光明的，道路是曲折的。我们面前困难还多，不可忽视。我们和全体人民团结起来，共同努力，一定能够排除万难，达到胜利的目的。"②

---

① 习近平：《跨世纪领导干部的历史重任及必备素质》，《理论学习月刊》1991年第11期。
② 《毛泽东选集》第4卷，人民出版社1991年版，第1163页。

毛泽东的多个论断都渗透着唯物辩证法的精髓。"星星之火可以燎原"的论断，反映了事物发展要遵循从量变到质变的发展规律，看问题不能一成不变，要看到革命的前途，对革命要有充满乐观主义精神。"论持久战"的论断，体现随着条件的变化，矛盾的两面会发生力量对比的升降，体现了中国共产党对抗日战争前途高瞻远瞩的战略判断。正是由于把握抗日战争的规律，我们党才制定了持久战的正确策略，有力地回击"亡国论"与"投降论"。

对于党员干部而言，认真学习马克思主义，就是掌握唯物辩证法和历史唯物主义，善于把握历史和时代的发展规律，运用马克思主义基本立场、观点、方法开展社会实践活动。正如习近平总书记所强调的："领导干部学习马克思主义经典著作，尤其要注意学习马克思主义哲学。哲学是人类的智慧之学。在马克思主义三个组成部分中，哲学是基础。掌握马克思主义哲学，是掌握马克思主义完整科学体系的重要前提。""学好马克思主义哲学，把思想方法搞正确，增强工作中的科学性和全面性，才能不断开创各项工作的新局面。"①具体而言，就是要养成读马克思恩格斯原著、《毛泽东选集》、《邓小平文选》等经典著作的学习习惯。

掌握斗争规律要研究新问题、把握新大局。习近平总书记强调指出："自觉用新时代党的创新理论观察新形势、研究新情况、解

---

① 《认真学习马克思主义经典著作 不断推进中国特色社会主义事业》，《人民日报》2011年5月14日。

决新问题，使各项工作朝着正确方向、按照客观规律推进。"①当今世界正经历百年未有之大变局。以人工智能、物联网、能源互联网、生命创制等为核心的新科技革命，在消灭某些行业、工种、职业的同时，又在创造更多新的行业与工作机会。新科技革命不仅改变了每个人的生活，也改变了世界的政治与经济格局，因此，研究新问题，就要从各种乱象中看清实质，从历史的维度中把握规律。作为新时代的党员干部，要认真研读《习近平谈治国理政》《毛泽东 邓小平 江泽民 胡锦涛关于中国共产党历史论述摘编》《习近平新时代中国特色社会主义思想学习问答》《中国共产党简史》，学习党的十八大、十九大及历次全会的精神，坚持系统学习，结合实际学习，知行合一学习，致力于在研究新问题的基础上把握新大局。

坚持统一战线，制定斗争策略

斗争要讲策略，斗争策略不胜枚举。其中，位列党的三大法宝之首的统一战线，是指导制定正确斗争策略的关键。在不同的历史时期，统一战线的内涵不同，但是，统一战线的核心原则就是，把我们的敌人搞得少少的，把我们的朋友搞得多多的，团结一切可以团结的人，以攻击我们的敌人。《毛泽东选集》开篇第一句话就是："谁是我们的敌人？谁是我们的朋友？这个问题是革命的首要问题。中国过去一切革命斗争成效甚少，其基本原因就是因为不能团结真

---

① 《筑牢理想信念根基树立践行正确政绩观 在新时代新征程上留下无悔的奋斗足迹》，《人民日报》2022年3月2日。

正的朋友，以攻击真正的敌人。"①

坚持统一战线要制定"团结大多数，争取中间派，打击极少数"的斗争策略。回顾历史，中国共产党之所以能够在百年奋斗历程中不断应对挑战、战胜困难，取得一个又一个胜利，靠的就是团结一切可以团结的力量，靠的就是全国人民团结一致地共同奋斗。抗日战争是中华民族自鸦片战争以来触底反弹的民族复兴转折点，中国共产党领导的抗日武装发挥了中流砥柱的作用，统一战线是党克敌制胜的重要法宝。"在中国共产党倡导建立的抗日民族统一战线旗帜下，海内外中华儿女以强烈的家国情怀，空前团结起来，争先投入保家卫国的伟大斗争之中，形成了人民战争的汪洋大海，谱写下惊天地、泣鬼神的爱国主义篇章。"②

坚持统一战线，就是强调要团结海内外全体中华儿女，努力寻求实现民族复兴的最大公约数。习近平总书记在庆祝中国共产党成立100周年大会上的讲话中指出："在百年奋斗历程中，中国共产党始终把统一战线摆在重要位置，不断巩固和发展最广泛的统一战线，团结一切可以团结的力量、调动一切可以调动的积极因素，最大限度凝聚起共同奋斗的力量。爱国统一战线是中国共产党团结海内外全体中华儿女实现中华民族伟大复兴的重要法宝。"党的十九大报告强调巩固和发展爱国统一战线。2018年3月11日，宪法修正案对新时期统一战线的正式命名是"包括全体社会主义劳动者、社会主义

① 《毛泽东选集》第1卷，人民出版社1991年版，第3页。
② 习近平：《在颁发"中国人民抗日战争胜利70周年"纪念章仪式上的讲话》，《人民日报》2015年9月3日。

事业的建设者、拥护社会主义的爱国者、拥护祖国统一和致力于中华民族伟大复兴的爱国者的广泛的爱国统一战线"。由此可以看出，建立广泛的爱国统一战线要重点面向港澳台同胞和外海华侨华人这个群体，筑牢中华民族共同体意识，推动祖国完全统一。

在中国特色社会主义进入新时代的当下，斗争的范围往往已经不局限在政治领域，政治往往与经济、外交交织在一起，因此，要重视在经济领域、外交领域坚持与贯彻党的统一战线，用党的统一战线思想制定斗争策略。

坚持群众路线，提高斗争艺术

斗争艺术不是与生俱来的，也不是一蹴而就的。斗争不是蛮干，不是逞能，而必须讲求斗争艺术。在2022年春季学期中央党校（国家行政学院）中青年干部培训班开班式上，习近平总书记虽然没有直接提"斗争艺术"这四个字，但是"有些事情是不是好事实事，不能只看群众眼前的需求，还要看是否会有后遗症，是否会'解决一个问题，留下十个遗憾'"这个问题的提出，就表达了要讲求工作艺术与斗争艺术的寄望。百年辉煌党史，既留下了刀光剑影的斗争场景，也展示了灵活智慧的斗争艺术。

坚持群众路线确定斗争艺术的依靠力量。毛泽东是伟大革命家、思想家、理论家，也是伟大的军事家、战略家。非常重视总结斗争艺术，提出了"从群众中来，到群众中去""军民团结如一人，试看天下谁能敌""战略上藐视敌人，战术上重视敌人""歼灭敌人有生力量""游击战十六字诀"等重要论断，特别重视从群众中汲取斗争智慧与斗争艺术。指出："革命者必须在战略上，在全体上，藐视敌人，敢于同他们斗争，敢于夺取胜利；同时，又要在战术上，在策略上，在每一个局部上，在每一个具体斗争问题上，重视敌人，采取谨慎态度，讲究斗争艺术，根据不同的时间、地点和条件，采取适当的斗争形式，以便一步一步地孤立敌人和消灭敌人。"① 习近平总书记也高度重视斗争艺术。指出："斗争是一门艺术，要善于斗争。在各种重大斗争中，我们要坚持增强忧患意识和保持战略定力相统一、坚持战略判断和战术决断相统一、坚持斗争过程和斗争实效相统一。领导干部要守土有责、守土尽责，召之即来、来之能战、战之必胜。"②

坚持群众路线把握斗争艺术的"时、度、效"。2019年秋季学期中央党校（国家行政学院）中青年干部培训班开班式上，习近平总书记发表重要讲话强调，斗争是一门艺术，要善于斗争，要根据形势需要，把握时、度、效，及时调整斗争策略。把握好"时"，是指在研究形势的基础上制定政策与斗争策略。毛泽东在新民主主义革命时期，经常写的一类文章就是"形势与政策"。重视对形势的把控，就能做到事半功倍，错误判断形势，就会给革命造成不可挽回的损失。把握好"度"，是指要全面了解事物发展的客观情况，深入调研，对于问题不隐瞒、不夸大、不歪曲，在调查研究的基础上分析研究各方的态度，制定正确的对策。把握好"度"，把握好分寸，坚持原则性和灵活性的统一，这是斗争艺术的基本要求。把握

---

① 《毛泽东选集》第4卷，人民出版社1991年版，第1191页。
② 《发扬斗争精神增强斗争本领 为实现"两个一百年"奋斗目标而顽强奋斗》，《人民日报》2019年9月4日。

好"效",是指工作不仅要有良好的愿望,而且要追求良好的效果,要让老百姓满意,让大多数群众开心;不仅要努力做好工作,而且要不断提高工作效率。这里的"效"包括"效果"与"效率"两层含义。

福州鞋厂

《港台信息报》常务副总编张红谈到习近平同志担任福州市委书记时依法处理复杂问题的工作方法,讲了这样一件事——福州一个鞋厂老板怀疑一位女工偷鞋子,竟把这个女工与狼狗关在一起。习近平同志认真看了这篇文章后,讲了三条意见:第一条,在我们法治国家,这种事情是绝对不允许发生的。不论在哪里,把人和狗关在一起都是绝对错误的。第二条,福州市一定严肃查办这件事情。第三条,希望媒体等政府对这个违法事件作出处理后再发表这篇文章。他的意见很坦诚,也很得体,既允许媒体客观真实地报道社会舆论关注的事件,又希望媒体讲究方法策略,把握时机,给政府工作留出时间,引导社会问题向正面转化,进而得到妥善解决。习近平同志处理如上复杂问题的工作方法告诉我们,不能回避问题,而要正视问题;不能简单粗暴,而要讲究工作艺术;不要害怕群众舆论,而要善于把对社会问题的报道转化为正面引导。

三、发扬担当和斗争精神要斗争有"道"

发扬担当和斗争精神要斗争有"道"。什么是"道"？第一层含义是"道路"，是指"农村包围城市，武装夺取政权"的新民主主义革命道路，是指中国特色社会主义道路。第二层含义是"道理"，即理论，是指马克思主义中国化过程中所形成的毛泽东思想、邓小平理论、"三个代表"重要思想、科学发展观、习近平新时代中国特色社会主义思想。第三层含义是"大道"，是指中国共产党人"我将无我，不负人民"的崇高情怀，把人民利益作为最高评判标准，坚持以人民为中心的发展思想。

坚持人民利益至上是斗争的力量源泉

开展伟大斗争，要始终坚持人民利益至上。坚持人民至上，指明了党的根基在人民、血脉在人民、力量在人民，揭示了党始终立于不败之地的根本所在。人民是党执政兴国的最大底气。党的十九届六中全会总结了中国共产党百年奋斗积累了十大宝贵历史经验，"坚持人民至上"位列第二，要求"全党同志都要坚持人民立场、人民至上，坚持不懈为群众办实事做好事，始终保持同人民群众的血肉联系"。

斗争有"道"要求"勿忘初心，牢记使命"。中国共产党始终代表最广大中国人民根本利益，代表中华民族的根本利益，始终与人民休戚与共、生死相依，没有任何自己特殊的利益，从来不代表任何利益集团、任何权势团体、任何特权阶层的利益。《党章》明确规定，中国共产党是中国工人阶级的先锋队，是中国人民和中华民族的先锋队，中国共产党是一个代表中国人民和中华民族根本利益的党。毛泽东提出"为人民服务"，邓小平讲"我是中国人民的儿子"，习近平总书记讲"人民对美好生活的向往，就是我们的奋斗目标"。不同的表述都表达了相同的初心与使命。党员干部要时刻牢记全心全意为人民服务的根本宗旨，深怀爱民之心；要不断发展生产力提高人民生活水平，恪守为民之责；要了解民意倾听群众的呼声，要集中民智从人民群众中吸取智慧，深刻领会习近平总书记在党史学习教育中提出的一个重要思想观点："江山就是人民，人民就是江山。"

斗争有"道"要求不断提高舆论宣传水平。斗争形势是复杂的，斗争过程是残酷的。发扬担当和斗争精神，要求党员干部不仅要身体力行，而且要善于带领群众一起前进。要真心诚意把群众当主人、当亲人、当老师，宣传党的路线方针政策，带领群众自觉跟党走。中国共产党历来重视、也善于宣传报道。长征是宣传队，是播种机。延安的条件艰苦，但是延安宝塔山成了中国革命的灯塔，照亮了中国抗日战争的光明大道。有识之士、青年学生从五湖四海涌向延安，跟着中国共产党走，汇集成一股势不可挡的抗日救国民族复兴洪流。当前，互联网改变了传统新闻报道的形式，这就对新闻报道与宣传引导提出了新的课题。首先，要认识提高舆论宣传水平的重要性。改进创新舆论宣传，提高新闻舆论传播力、引导力、影响力、公信力，这是赢得舆论斗争主动权、更好维护意识形态安全和政治安全的需要。其次，要掌握提高舆论宣传的方法。习近平总书记提出人民导向论，指出："要树立以人民为中心的工作导向，把服务群众同教育引导群众结合起来，把满足需求同提高素养结合起来，多宣传报道人民群众的伟大奋斗和火热生活，多宣传报道人民群众中涌现出来的先进典型和感人事迹，丰富人民精神世界，增强人民精神力量，满足人民精神需求。"[1]同时，要求"要重视公共外交，广泛参加国际非政府组织的活动，传播好中国声音，讲好中国故事，向世界展现一个真实的中国、立体的中国、全面的中国"[2]。

坚持爱国主义是斗争的基本方向

开展伟大斗争，要始终坚持爱国主义。习近平总书记深刻指出，中国共产党团结带领中国人民进行的一切奋斗、一切牺牲、一切创造，归结起来就是一个主题：实现中华民族伟大复兴。为了争取民族独立和人民解放、实现国家富强和人民幸福，党团结带领人民走过的一百年，是顽强不屈不懈奋斗的历史，是英勇斗争不怕牺牲的历史。在新的历史条件下，大力弘扬爱国主义精神，对于加快推进中华民族的复兴伟业，具有重大而深远的意义。

斗争有"道"要求维护国家主权与领土完整。在和平年代，坚持爱国主义集中体现在维护国家主权与领土完整，以坚守我国核心利益和重大原则开展伟大斗争。国家的核心利益和重大原则问题关乎国家生死存亡，关乎国家前途命运，是一个主权国家的根本利益所在。维护国家主权、领土完整和国家统一，这是我们斗争的底线，无论任何时候、任何条件，这条底线都不容突破。对一切危及国家

---

① 《胸怀大局把握大势着眼大事 努力把宣传思想工作做得更好》，《人民日报》2013年8月21日。
② 习近平：《在中国国际友好大会暨中国人民对外友好协会成立60周年纪念活动上的讲话》，《人民日报》2014年5月16日。

主权、安全、发展利益的活动，对一切分裂祖国、破坏民族团结和社会和谐稳定的行为，对一切渗透颠覆破坏活动、暴力恐怖活动、民族分裂活动、宗教极端活动要敢于斗争，善于斗争。

斗争有"道"要求坚持胸怀天下。坚持爱国主义与坚持胸怀天下是不矛盾的。党的十九届六中全会将"坚持胸怀天下"列入百年奋斗的十大宝贵经验之一，这一提法值得关注。坚持胸怀天下渗透着中国传统智慧。"大道之行，天下为公"，这就中国人的天下观、世界观。中国共产党强调"坚持胸怀天下"，传承着中华文明与中华精神。当前，世界面临百年未有之大变局，个别国家奉行单边主义、霸权主义，冲击着世界和平与发展的格局。越是在这个时候，作为负责任的大国，中国越应该保持定力，以超越国别的全人类视野为世界和平与发展提出中国方案，贡献中国智慧。

胸怀天下观体现在马克思恩格斯关于世界历史的思想之中。"学习马克思，就要学习和实践马克思主义关于世界历史的思想。马克思、恩格斯说：'各民族的原始封闭状态由于日益完善的生产方式、交往以及因交往而自然形成的不同民族之间的分工消灭得越是彻底，历史也就越是成为世界历史。'马克思、恩格斯当年的这个预言，现在已经成为现实，历史和现实日益证明这个预言的科学价值。"[①]经济全球化、地球村、全球变暖、核扩散……我们面对的问题，都不是一个国家或者几个国家能够解决的问题，而需要进一步发挥好联合国的作用，需要全球每一个国家友好协商、共同解决。

---

① 习近平：《在纪念马克思诞辰200周年大会上的讲话》，《人民日报》2018年5月5日。

中国共产党的胸怀天下观，以及人类命运共同体的提出，体现了中国对世界和平与发展的担当。"中国共产党既为中国人民谋幸福，也把为全人类作贡献作为重要使命。要统筹国内国际两个大局，树立更宽广的世界眼光、更宏大的战略抱负，胸怀祖国，兼济天下，推动构建新型国际关系，推动构建人类命运共同体。"[①]"纵观世界历史，依靠武力对外侵略扩张最终都是要失败的。这是历史规律。中国将坚定不移走和平发展道路，并且希望世界各国共同走和平发展道路，让和平的阳光永远普照人类生活的星球。"[②]因此，坚持胸怀天下，推动构建人类命运共同体，不是以一种制度代替另一种制度，不是以一种文明代替另一种文明，而是不同社会制度、不同意识形态、不同历史文化、不同发展水平的国家在国际事务中利益共生、权利共享、责任共担，形成共建美好世界的最大公约数。正走在复兴之路上的中国，就能够在国际舞台上赢得更多的朋友，就能够更快地、更顺利地把中华民族伟大复兴的中国梦变成现实。

延伸阅读

1. 恩格斯：《致奥古斯特·倍倍尔》，载《马克思恩格斯文集》第10卷，人民出版社2009年版，第390—393页。

2. 毛泽东：《〈共产党人〉发刊词》，载《毛泽东选集》第2卷，人民出版社1991年版，第602—614页。

[①] 《习近平接见二〇一七年度驻外使节工作会议与会使节并发表重要讲话》，《人民日报》2017年12月29日。

[②] 习近平：《在纪念全民族抗战爆发七十七周年仪式上的讲话》，《人民日报》2014年7月8日。

3. 毛泽东：《中国共产党在抗日时期的任务》，载《毛泽东选集》第1卷，人民出版社1991年版，第252—270页。

4. 毛泽东：《关于领导方法的若干问题》，载《毛泽东选集》第3卷，人民出版社1991年版，第897—902页。

5. 习近平：《发扬斗争精神，增强斗争本领》，载《习近平谈治国理政》第3卷，外文出版社2020版，第225—228页。

深度思考

1. 党员干部如何发扬担当和斗争精神？

2. 为什么说善于斗争与敢于斗争同等重要？

3. 党员干部如何提高理论修养掌握斗争规律？

4. 谈谈你所认识到的斗争艺术有哪些。

5. 站在"两个一百年"的历史交汇点，面对"两个大局"，请你谈谈坚持爱国统一战线的斗争策略。

6. 如何理解在坚持党的群众路线中提高斗争艺术？

第六章

锤炼人民至上的价值立场
贯彻党的群众路线

全党必须牢记中国共产党是什么、要干什么这个根本问题，始终保持党同人民的血肉联系。贯彻党的群众路线，首先要对群众有感情，真正把自己当作群众的一员、把群众的事当作自己的事。要深入研究和准确把握新形势下群众工作的特点和规律，改进群众工作方法，提高群众工作水平。

　　群众路线是马克思主义认识论和唯物史观在我们党的实际工作中的具体运用，是马克思主义立场、观点和方法的集中体现，是党的生命线和根本工作路线，是我们取得革命胜利、社会主义建设和改革开放巨大成就的重要法宝。牢固树立马克思主义群众观点，坚持群众路线，加强党的群众工作，是党和国家事业发展进步的根本保证，也是中国特色社会主义道路的必然选择。

一、始终保持党同人民的血肉联系

　　党的十九大报告指出："我们党来自人民、植根人民、服务人民，一旦脱离群众，就会失去生命力。"[①]中国共产党人"一定要自觉维护党的团结统一，保持党同人民群众的血肉联系，巩固全国各族人民大团结，加强海内外中华儿女大团结，团结一切可以团结的力量，齐心协力走向中华民族伟大复兴的光明前景"[②]。这些科学论断充分说明始终保持党同人民群众的血肉联系是共产党人的立身之本和根本政治立场。坚持这一政治立场，并把这一立场一以贯之地贯彻落实到党的革命、建设、改革全过程，是我们党战胜各种风险挑战、无往而不胜的重要法宝。

　　保持党同人民的血肉联系是无产阶级政党的本质要求。马克思

---

① 习近平：《决胜全面建成小康社会 夺取新时代中国特色社会主义伟大胜利——在中国共产党第十九次全国代表大会上的报告》（2017年10月18日），人民出版社2017年版，第66页。

② 习近平：《决胜全面建成小康社会 夺取新时代中国特色社会主义伟大胜利——在中国共产党第十九次全国代表大会上的报告》（2017年10月18日），人民出版社2017年版，第70页。

和恩格斯在《共产党宣言》中指出："过去的一切运动都是少数人的，或者为少数人谋利益的运动。无产阶级的运动是绝大多数人的，为绝大多数人谋利益的独立的运动。"①列宁在谈到无产阶级文艺为谁服务时指出："它不是为饱食终日的贵妇人服务，不是为百无聊赖、胖得发愁的'一万个上层分子'服务，而是为千千万万劳动人民，为这些国家的精华、国家的力量、国家的未来服务。"②列宁认为，为全世界无产阶级和广大人民群众谋利益，是无产阶级政党的根本宗旨，是区别其他政党的显著标志。无产阶级政党的先进性，最根本的一点，就在于它能够代表人民群众的利益，与人民群众保持血肉联系，这是一切真正无产阶级政党的出发点和行动指南。所以，列宁指出："我们需要的是新型的党，另一种性质的党。我们需要的是能够经常同群众保持真正的联系的党，善于领导这些群众的党。"③能不能保持与人民群众的血肉联系，这是关系到党的根本性质的问题。

中国共产党是无产阶级政党，是工人阶级的先锋队，是各族人民利益的忠实代表。中国共产党除了工人阶级和最广大人民群众的利益之外，没有自己的特殊利益。我们党的路线、方针和政策、措施，都应该符合人民的利益，都必须使劳动人民从中得到好处。党之所以有存在的必要，没有别的，就在于为人民服务，在于为中国和世界的绝大多数人谋利益。如果离开这个根本宗旨，党就会变质、变色。共产党人如果不把为人民谋利益作为自己一切言论和行动的准则，作为人

---

① 马克思、恩格斯：《共产党宣言》，人民出版社2018年版，第39页。
② 《列宁选集》第1卷，人民出版社1995年版，第666页。
③ 《列宁全集》第39卷，人民出版社1986年版，第225页。

生目的的出发点和归宿，不想人民之所想，急人民之所急，尽心竭力为人民办事，而去追求个人的权力、地位，以权谋私，权钱交易，行贿受贿，贪污腐化，损害国家和人民的利益，走到党和人民的对立面，这就是忘记了党的根本宗旨，就不配做一个共产党员。

保持党同人民的血肉联系是我们党一以贯之的优良传统。中国共产党的全部历史，是为民族独立和人民解放而斗争的历史，是为实现国家繁荣富强和人民共同富裕而不懈追求的历史，是忠实地为中国最广大人民的根本利益而奋斗的历史。我们党之所以能够领导人民取得革命、建设和改革的伟大成就，一个根本原因就在于我们党始终深深地扎根于人民群众之中。

以毛泽东同志为代表的中国共产党人，根据马克思主义唯物史观，在中国革命和建设的实践中培育了党群之间鱼水相依的亲密关系。中国共产党在领导中国革命的进程中，经历了国共合作的北伐战争、土地革命战争、抗日战争和解放战争四个阶段。我们党在多数时期面临的都是敌强我弱的形势，帝国主义和封建主义的反动势力异常强大。作为力量弱小的一方，要战胜强敌必须依靠人民群众的支持、拥护和参与。早在民主革命时期，毛泽东明确指出："人民，只有人民，才是创造世界历史的动力"[1]，"革命战争是群众的战争，只有动员群众才能进行战争，只有依靠群众才能进行战争"[2]。我们党正是一切依靠人民，取得了新民主主义革命的胜利，取得了社会主义革命和建设的成功。正如毛泽东所指出的："真正的铜墙

---

[1] 《毛泽东选集》第3卷，人民出版社1991年版，第1031页。
[2] 《毛泽东选集》第1卷，人民出版社1991年版，第136页。

铁壁是什么？是群众，是千百万真心实意地拥护革命的群众……在革命政府的周围团结起千百万群众来，发展我们的革命战争，我们就能消灭一切反革命，我们就能夺取全中国。"[①]历史事实充分证明，中国共产党之所以能够经受住各种考验，不断发展壮大，取得一个又一个胜利，一个根本的原因就是能够始终代表中国最广大人民的根本利益，始终保持党同人民的血肉联系，因而得到了广大人民群众的真心拥护和支持。

毛泽东谈如何联系群众

要联系群众，就要按照群众的需要和自愿。一切为群众的工作都要从群众的需要出发，而不是从任何良好的个人愿望出发。有许多时候，群众在客观上虽然有了某种改革的需要，但在他们的主观上还没有这种觉悟，群众还没有决心，还不愿实行改革，我们就要耐心地等待；直到经过我们的工作，群众的多数有了觉悟，有了决心，自愿实行改革，才去实行这种改革，否则就会脱离群众。凡是需要群众参加的工作，如果没有群众的自觉和自愿，就会流于徒有形式而失败。……这里是两条原则：一条是群众的实际上的需要，而不是我们脑子里头幻想出来的需要；一条是群众的自愿，由群众自己下决心，而不是由我们代替群众下决心。

知识链接

---

① 《毛泽东选集》第1卷，人民出版社1991年版，第139页。

改革开放以来，面对出现的新情况新问题，我们党反复强调，党的根基在人民，血脉在人民，力量在人民。正确的认识只能来源于群众的实践，正确的决策只有变成群众的自觉行动才能实现。党员干部要深入基层、深入群众、深入实际，尊重人民群众的创造，倾听人民群众的呼声，反映人民群众的意愿，集中人民群众的智慧和力量去发展我们的事业。带着感情，带着责任，去体察民情、体验民生、体会民意、问计于民。邓小平以人民群众拥护不拥护、赞成不赞成、高兴不高兴、答应不答应作为我们党想问题、作决策的主要依据。在改革开放中，我们实行家庭联产承包责任制、建立经济特区、实施沿海开放战略、发展社会主义市场经济等，都是密切联系群众的结果。江泽民提出了"三个代表"重要思想，强调把"始终代表中国最广大人民的根本利益"作为我们党始终保持先进性的一条根本原则。胡锦涛强调，必须更加自觉地把以人为本作为深入贯彻落实科学发展观的核心立场，始终把实现好、维护好、发展好最广大人民根本利益作为党和国家一切工作的出发点和落脚点。

以习近平同志为核心的新一届中央领导集体，顺应人民群众过上幸福生活的新期待，庄严承诺"人民对美好生活的向往，就是我们的奋斗目标"，更加彰显了新一届中央领导集体的为民宗旨和责任担当。《中共中央关于党的百年奋斗重大成就和历史经验的决议》指出，中国特色社会主义新时代是"全国各族人民团结奋斗、不断创造美好生活、逐步实现全体人民共同富裕的时代"[1]。建设中国特色

---

[1] 《中共中央关于党的百年奋斗重大成就和历史经验的决议》，《人民日报》2021年11月17日。

社会主义是个前无古人的事业，不断创造美好生活、扎实推进共同富裕的任务也无比艰巨。中国特色社会主义事业是人民的事业，没有亿万人民的积极参加，社会主义现代化就不可能实现。党只有密切联系群众，最充分地调动人民群众的积极性、主动性和创造性，最大限度地集中全民族的智慧和力量，才能促进经济、政治、文化、社会和生态的协调健康发展，加速推进社会主义现代化，实现党的执政使命。习近平总书记多次强调，一个政党如果不能保持同人民群众的血肉联系，就会使党失去生命力，就会从根本上失去先进性。正是因为我们党百年来深深扎根于人民的沃土之中，保持了良好的党群关系，保持了无产阶级先锋队的性质，党才能历经磨难而不衰，始终站在时代前列，党的事业才能不断从胜利走向新的胜利。我们党始终坚持群众路线，相信群众、依靠群众、为了群众，在不断满足人民群众需要中成就党的事业，人民群众为党和国家事业发展提供了不竭动力。

保持党同人民的血肉联系要时刻防范脱离群众的危险。"基础不牢，地动山摇"，"水能载舟，亦能覆舟"。我们才一而再、再而三地强调党来自人民、代表人民这个定位，强调人民群众是党的力量源泉和胜利之本，强调我们党的最大政治优势是密切联系群众，党执政后的最大危险是脱离群众。如今，党的群众工作呈现出一些新的特征，面临新的挑战，少数干部还不能适应这一形势变化，不愿、不敢、不会做群众工作。要解决这一问题，唯一的办法就是要始终把群众的利益放在第一位，把群众满意不满意、赞成不赞成作为标准，来衡量我们工作的好坏。群众生在基层、长在基层，对基层的事情最有发言权。要筑牢干群关系的"信任基石"，就要到基层去，到人民群众最需要的地方去，放下架子，抽出时间，与群众交流。党员干部只有深入群众，才能把群众的智慧集中起来、力量凝聚起来、积极性调动起来，党的各项事业也就能够顺利开展起来。

党和群众的关系就是"鱼水"关系，党离开了群众就没有了生机和活力。我们党是执政党，人民群众的拥护是我们党的执政基础，巩固这个基础，最重要的是要给群众办实事，让群众得到实惠，这是最朴实也是最管用的道理。跟老百姓打交道，不存在赢和输的问题。要想有效地开展工作，就必须尊重群众、相信群众、依靠群众。当前，一部分基层组织在工作中存在形式主义、官僚主义、享乐主义和奢靡之风现象，一些人贪图虚名，不务实效，劳民伤财，脱离群众，脱离实际，只会做官当老爷。为什么会存在这种现象呢？最主要的原因，就是我们的基层党员干部和群众的联系少了，和群众的关系淡了。这些问题如果不能及时解决，任其发展下去，势必影响我们事业的发展。

新形势下，党面临的执政考验、改革开放考验、市场经济考验、外部环境考验是长期的、复杂的、严峻的。精神懈怠危险、能力不足危险、脱离群众危险、消极腐败危险更加尖锐地摆在全党面前。我们只有坚持密切联系群众，问政于民、问需于民、问计于民，从人民伟大实践中汲取智慧和力量；坚持实干富民、实干兴邦，敢于开拓，勇于担当，多干让人民满意的好事实事；坚持艰苦奋斗、勤俭节约，下决心改进文风会风，着力整治慵懒散奢等不良风气，坚决克服形式主义、官僚主义，以优良党风凝聚党心民心、带动政风民风，才能够不断提高党的领导水平和执政水平、提高拒腐防变和抵御风险能力，巩固党的执政地位、实现党的执政使命，确保党始终成为中国特色社会主义事业的坚强领导核心。

二、首先要对群众有感情

群众路线、群众工作的一个核心问题，就是对群众感情的问题。"乐民之乐者，民亦乐其乐；忧民之忧者，民亦忧其忧。"只有我们把群众放在心里，群众才会把我们放在心上；只有我们把群众当亲人，群众才会把我们当亲人，这是一条颠扑不破的真理。对群众的感情"有没有""真不真""深不深""实不实"，在任何时候都是衡量党员干部是否合格的标尺，检验着党员干部的政治立场、价值取向和责任担当。党的十九大报告指出："必须紧紧围绕保持党同人民群众的血肉联系，增强群众观念和群众感情，不断厚植党执政的群众基础。"①这就表明，贯彻党的群众路线，重心要放在增强群众感情、不断拉近与人民群众的感情距离上。

增强群众感情，我们才能站稳群众立场。人民是推动历史前进的真正动力，是真正的英雄。一切为了群众、一切依靠群众，从群众中来、到群众中去的群众路线，既是历史唯物主义基本原理在实际工作中的具体体现，也是我们党始终坚持的根本工作路线和根本工作方法。无论在什么情况下，我们都必须明确"为什么人"的问

---

① 习近平：《决胜全面建成小康社会 夺取新时代中国特色社会主义伟大胜利——在中国共产党第十九次全国代表大会上的报告》（2017年10月18日），人民出版社2017年版，第66页。

题是治国理政的首要问题。事是跟着人走的，对象搞错了，事情必然办不好，所以，走好群众路线、走准群众路线、走深群众路线绝不是一句空话，这是决定我们事业兴衰成败的一条基准线。深刻认识密切联系群众、对人民群众有感情的重要意义，要深入群众中寻找解决问题的方案和办法，深入研究新形势下群众工作的规律和特点，充分调动群众的积极性、主动性、创造性，拉近与群众的思想感情距离，不断提高为人民服务的实际本领。

增强群众感情，我们才能激发内在动力。习近平总书记指出："中华民族伟大复兴，绝不是轻轻松松、敲锣打鼓就能实现的。全党必须准备付出更为艰巨、更为艰苦的努力。"①唯有担当才能成就事业，唯有奋斗才能实现复兴。各级各部门要带着责任、带着感情，多措并举最大限度调动广大基层干部的积极性，党员干部自身更要不负厚爱、不负时代，恢复矫健的姿态，重获澎湃的动能，在基层治理和乡村振兴中更好地发挥引领带动作用，让神州大地上处处涌现"人人出力，人人负责"的火热奋斗景象。各级党员干部只有在感情上与群众融为一体，做群众的知心人、贴心人、领路人，群众才会愿意与我们同甘共苦、并肩作战，从而才能汇聚起磅礴伟力，不断朝着实现中华民族伟大复兴的宏伟目标迈进。

增进人民感情，我们才能拓展工作思路。思想之树植根于实践沃土，力量源泉来自群众智慧。党员干部要积极投身社会实践活动，

---

① 习近平：《决胜全面建成小康社会 夺取新时代中国特色社会主义伟大胜利——在中国共产党第十九次全国代表大会上的报告》（2017年10月18日），人民出版社2017年版，第15页。

注重向生动活泼的社会实践学习，向实践的主体人民群众学习。群众中蕴藏着无穷的智慧，任何时候都不能低估群众的力量。党员干部只有对群众满怀深情，老老实实地拜群众为师，甘当他们的小学生，才能汲取丰富的思想营养，找到破解难题的"灵丹妙药"，获得力量源泉。

自我们党全面执政以来，坚持群众路线总体态势是好的，但也存在着一些不良风气、不良作风与不正之风，主要表现为精神懈怠、能力不足、脱离群众、消极腐败等问题。这些问题反映出一些党员干部的世界观、人生观、价值观、政绩观出了问题，但最直接的原因则是长期脱离群众，背离群众观点，淡漠群众感情。

增进同人民之间的感情、处理好干群关系，走好群众路线，党员干部必须带好头。

一是切实增进群众感情，要坚持思想政治受洗礼。"我们说改善党的领导，其中最主要的，就是加强思想政治工作。"①正如邓小平所说，思想工作是经济工作和其他一切工作的生命线，我们必须高度重视广大党员干部"脑壳中的东西"，因为人的一切实践活动都是在一定思想意识的指导下完成的。我们深知，群众观点和群众路线不是自发产生和轻易形成的，必须经过长期的道德修养甚至复杂的思想斗争，自觉地改造客观世界和主观世界才能树立和贯彻。特别是一些党员干部在长期执政的情况下，对取得人民政权的艰辛缺乏亲身体验，对巩固人民政权缺乏认真思考，党员意识淡漠，理想信

---

① 《邓小平文选》第2卷，人民出版社1994年版，第365页。

念动摇，官僚主义、形式主义严重。为了在新形势下更好地开展群众工作，我们必须端正思想认识，加强马克思主义世界观、价值观、人生观和党的群众观点、群众路线的宣传教育，提高全党思想政治水平，引导全体党员加强党性修养，努力做到为党分忧、为国尽责、为民奉献。

二是切实增进群众感情，要坚持为民服务解难题。群众利益再小也是大事。一些涉及群众利益的具体问题，在有些党员干部看来是小事，但对群众来说却是大事，而且群众往往是从具体问题的解决上来评价党和政府的，党和政府的形象与威信也是在不断帮助群众解决具体困难和问题中树立起来的。各级党员干部必须从讲政治的高度，认真看待"大事"与"小事"的辩证关系，增进对群众的感情。要有一种不解决人民群众的困难就吃饭不香、睡觉不稳的紧迫感。转变工作作风，扑下身子到最困难的地方去，到群众意见多的地方去，到工作推不开的地方去，通过扎实有效的工作，实实在在地为群众办实事、解难事、做好事，使人民群众感受到党和政府的温暖。不断增强事业心和责任心，兢兢业业地做好日常工作，在实践中经受考验，把精力用到勤勤恳恳为人民服务上来，爱惜人力、财力、物力，着力解决国家和人民群众的当务之急。对群众提出和反映的问题，必须满腔热情地加以处理，切实帮助群众解决生产和生活中的实际困难，绝不能漠然置之，更不能粗暴地对待群众，激化矛盾。新形势下，随着改革的深化和市场经济的发展，我们的党员干部还要注意群众中产生的不同利益要求，发挥总揽全局、协调各方的领导作用，把全体人民和各方面的积极性充分调动起来，采取各种措施来保证群众实现自己的各种合理利益要求。

三是切实增进群众感情，要坚持清正廉洁作表率。"我们要反对腐败，搞廉洁建设。不是搞一天两天、一月两月，整个改革开放过程中都要反对腐败。"①历史的经验教训不断告诫我们腐败问题是影响群众感情的最大威胁。党的作风关系到党的形象，关系到人心向背，关系到党与人民群众的血肉联系，关系到党的执政地位的巩固，关系到党和国家的生死存亡。在新形势下，要继续坚持党要管党、从严治党的原则，贯彻标本兼治、综合治理、惩防并举、注重预防的战略方针，推进教育、制度、监督并重的惩治和预防腐败体系建设。要以思想政治工作为基础，推进廉政文化建设，筑牢党员干部拒腐防变的思想道德防线；要切实加强对领导机关和领导干部的监督，把党内监督与人民监督相结合；要加强反腐倡廉立法工作，坚决查处经济犯罪和商业贿赂案件，积极探索防治商业贿赂的长效机制；要坚持从群众反映强烈的热点问题入手，治理教育乱收费、拖欠农民工工资、医药购销和医疗服务中损害群众利益的不正之风；坚持和完善反腐败领导体制和工作机制，认真落实党风廉政建设责任制；对任何腐败分子都必须彻底查处、严惩不贷，要始终保持为民务实清廉的政治本色，保持良好作风，坚决预防和反对腐败，绷紧纪律的"高压线"。

总而言之，群众在我们心中的分量有多重，我们在群众心中的地位就有多高。一定要眼睛向下，多到群众中去，多和群众交朋友，

---

① 《邓小平文选》第3卷，人民出版社1993年版，第327页。

多站在群众的立场上干事情、找问题、想办法，多把握和体验群众的喜怒哀乐，以群众的关切为工作的指向，以群众的需要为工作的归宿，才能切实增强群众感情、赢得群众信赖。

三、提高群众工作水平

做好群众工作是推动科学发展、扎实推动共同富裕的重要保障，是实现党的领导、巩固党的执政地位的重要途径。提高做好新形势下群众工作水平，是加强党的执政能力建设的一项重要任务。党的十八大报告提出，要着力解决人民群众反映强烈的突出问题，提高做好新形势下群众工作的能力。这对我们在新形势下加强和改进党的群众工作、提高党的群众工作科学化水平提出了新的要求。

做群众工作需要面对和处理大量的复杂的人民内部矛盾。人民内部矛盾往往涉及人民群众的切身利益，正确处理新时期人民内部矛盾对于维护社会安定、促进团结统一、调节社会关系、增添社会动力、保障社会发展等方面都有重要作用。要从工作全局中看到人民内部矛盾的发生机理和作用机制，打通各项工作之间的有机联系，通过矛盾的解决来促进全局工作。同时看到人民内部矛盾背后的复杂原因，联系全局工作来处理矛盾，处理起来才会得心应手。

人民内部矛盾的发生，往往经历一个过程，有深层次上的战略原因，其解决也要有系统的办法。当前很多群体性事件都是集中在一些共性的问题上，同样的矛盾多发常发，反映人民群众在一些方面的共同诉求非常强烈，这与我们多年来在就业、社会保障、城乡一体化等方面的战略重视不够是有关系的。把更多的精力投入到那些社会薄弱环节，树立起战略眼光，关注解决战略问题，集中精力把短板补长，有助于从根本上处理好人民内部矛盾，提高群众工作水平。

随着社会主义市场经济的深化，人们之间的经济社会交往和联系更加频繁、更加紧密，矛盾发生的可能性大大增加。现实生活中，越来越多涉及民生问题的突出矛盾，导致群体性事件不时出现。社会转型的激荡，给社会成员的心灵冲击极其强烈，更是诱发了许多无直接利益冲突。特别是在基层，要面对人民群众加快提高生活水平的迫切要求，要调解群众之间可能随时存在的琐碎纠纷，要调动各种力量做好政策的解释和执行工作，使得正确处理人民内部矛盾已经成为日常工作的重要组成部分。

改进群众工作方式方法，增强做好群众工作本领。贯彻党的群众路线，执行党的方针政策，必须通过正确的工作方式方法来完成。毛泽东曾指出："领导工作不仅要决定方针政策，还要制定正确的工作方法。有了正确的方针政策，如果在工作方法上疏忽了，还是要发生问题。"[①]当前和今后一个时期，世情、国情、党情和民情都在发生深刻变化，我国发展出现了社会矛盾凸显、新老问题交织的阶段性特征，人们思想活动的独立性、选择性、多变性、差异性明显增强，党的建设和党群关系面临诸多新情况新课题。只有积极研究和把握新形势下群众工作的特点和规律，努力改进群众工作方式方法，才能增强组织群众、宣传群众、教育群众、服务群众的本领，

---

① 《毛泽东选集》第4卷，人民出版社1991年版，第1440页。

为实现社会主义现代化和中华民族伟大复兴新胜利奠定坚实的群众基础。百年征程中，我们党探索并总结出了一套行之有效的群众工作方式方法，必须长期坚持和发扬光大。

一是拓展群众工作新思路。推进群众工作方法的创新，要认真总结那些在实践中被证明为行之有效的做法，把握新的历史条件下群众工作面临的新形势新任务，用新的思路来做好宣传群众、号召群众、引领群众、组织群众、凝聚群众的各项工作。其中，宣传教育工作是群众工作的基础内容，是贯穿群众工作全过程的重要纽带。宣传教育的新方法有很多，可以根据工作情况选用具体形式，诸如形势教育、演讲会、录像观摩、专题座谈、讨论交流、抽样问卷、入户谈心等多种方式。思想政治工作是群众工作的根本内容，决定其性质和方向。思想政治工作的必要性是由人的思想意识发展的特点和规律所决定的，由中国共产党的执政特点和规律所决定的。人们常用"思想政治工作是经济工作和其他一切工作的生命线"这句话来概括思想政治工作的地位和作用。疏导方针是思想政治工作的具体方针。坚持疏导方针，就是在思想政治工作中，要广开言论渠道，创造条件让群众畅所欲言，然后帮助群众实事求是地认识和分析问题。调查研究方法的创新。调查研究是接触群众、了解情况的重要渠道，是作出决策和组织落实的重要基础。在调查的基础上深入研究，才能深刻认识事物的本质和规律。

二是延伸群众工作新内容。新时期群众工作要有所作为，必须拓宽视野，把人民群众关心的难点问题、热点领域纳入工作范围。增强积极性主动性，在一些过去不够重视的薄弱环节上多给力，使群众工作更加贴近群众呼声。制定实施正确的方针政策。我们坚持用马克思主义的立场、观点、方法观察和分析世界发展的总趋势、中国社会的实际状况和中国人民的根本要求，依据发展变化的实际，明确党在各个历史时期的目标和任务，不断为党和人民的事业指明前进方向。具体到每一个地方的领导集体来说，都应该有自己的规划蓝图、任期目标和行动措施，带领群众改天换地，发展经济，增加收入，改善生活。加强社会建设，调整和优化财政支出结构，加大对"三农"、教育、医疗、卫生、社会保障、就业、住房、公益文化、环境保护、公共安全等方面的投入，不断提高基本公共服务的水平，努力解决人民群众最关心、最现实、最直接的利益问题。更加重视社会事业的发展，努力使全体人民达到"五有"，即学有所教、劳有所得、病有所医、老有所养、住有所居。健全和完善我国的社会保障体系，关系到中国特色社会主义事业的全局和长远发展。解决突出问题。重点解决物价、生态环境保护、食品药品质量、安全生产、征地拆迁等方面群众反映强烈的问题。这些都是与人民群众利益直接相关的，也是近年来频频出问题的环节。保障民主权利。随着经济社会的发展，人民群众不仅要求实现和扩大自身的利益，而且要求不断实现和扩大自身的民主权利。群众工作因而在新的历史条件下具有了扩大公民政治参与的崭新内容，要求实现从为民作主向由民作主的思维转变，从各个层次、各个领域、各个渠道扩大有序政治参与，广泛动员和组织人民依法管理经济、文化和社会事务。在从决策到实施的整个过程中，都要坚持民主原则、公开原则，扎实推进村（居）民自治，认真落实基层党务公开、村（居）务公开、厂务公开和公共企事业单位办事公开制度，保障人民群众的知情权、参与权、表达权、监督权。建立征询制、问责制，使人民群众的民主权利能够落到实处。

三是搭建群众工作新平台。群众工作需要有效的载体和平台，要根据经济社会发展的新要求，建立完善参与平台、沟通平台、应急平台、监督平台等。有效、丰富的参与平台，是发挥人民群众作用的重要载体。群众的参与度越高，对工作性质、任务和途径的理解越深，工作的阻力就越小，动力就越大。沟通平台是上情下达和下情上传的必要途径，有效的沟通可以化解矛盾、宣泄情绪，也可以防止决策和实施过程中的失误，提高工作效益。建立规范、常态化、简单方便的沟通平台，发挥多种形式沟通平台的作用，是做好新时期群众工作的基础。应急平台是新时期群众工作的重要内容，是保护人民群众生命财产安全、维护社会和谐稳定的必然要求。建立健全一个统一指挥、功能齐全、反应灵敏、运转高效的应急平台，是做好新时期群众工作的有力支撑。监督平台为决策的科学化提供最可靠和最有效的体制保证。离开一定的监督和制约，决策问题可能会落实不了或落实不好，一些制度很可能会逐渐流于形式，久而久之会失信于民。建立严格、精准、有效的监督平台，是做好新时期群众工作的重要保障。

四是开拓群众工作新资源。群众工作举足轻重，不是哪一个部门、哪一个人的事情，需要各种资源共享，统筹考虑，全力推进。要发挥群众工作专门部门的作用。群众工作是一项综合性工作，党政机关的各个部门可以说都有群众工作，都要做好群众工作。很多群众工作，需要各个部门之间相互协调配合。各个部门要根据各自的职责分工，明确责任、分解任务，对相应领域内的群众工作负责。要发挥群众组织的作用，组织它们学习党的路线、方针、政策，定期听取群众组织的汇报，讨论、研究、检查它们的工作，帮助它们解决工作中遇到的困难和问题；要积极支持群众组织独立开展适合群众特点的各项有益的活动，放手让它们独立负责地开展工作，以各种方式联系各自领域内的群众，尊重它们的独立性；要关心爱护群众组织的干部和工作人员，关心他们的进步，加强对他们的培养，提高他们的思想水平和政治能力。要发挥新闻舆论的作用，坚持把实现好、维护好、发展好最广大人民的根本利益作为新闻宣传工作的出发点和落脚点，坚持贴近实际、贴近生活、贴近群众，把体现党的主张和反映人民心声统一起来，把坚持正确导向和通达社情民意统一起来。在群众支持理解中形成社会共识，在加强信息服务中开展思想教育，多用事实说话、用典型说话、用数字说话，引导各方面群众共同前进。

四、信访是送上门来的群众工作

信访工作坚持了马克思主义的认识论和唯物史观的基本观点，架起了"从群众中来、到群众中去"的有效桥梁，集中体现了马克思主义的基本方法。马克思主义认为，正确的认识只能是客观实际的正确反映；革命和建设中的一切正确的决策和办法，只能来源于亿万从事生产斗争和阶级斗争实践的人民群众。毛泽东在《关于领导方法的若干问题》中指出："在我党的一切实际工作中，凡属正确的领导，必须是从群众中来，到群众中去。这就是说，将群众的意见（分散的无系统的意见）集中起来（经过研究，化为集中的系统的意见），又到群众中去作宣传解释，化为群众的意见，使群众坚持下去，见之于行动，并在群众行动中考验这些意见是否正确。然后再从群众中集中起来，再到群众中坚持下去。如此无限循环，一次比一次地更正确、更生动、更丰富。这就是马克思主义的认识论。"①信访工作充分体现了马克思主义认识论中从实践到认识、再从认识到实践辩证统一的思想，也体现了人民群众是历史实践的主体的唯物史观基本观点。

信访工作是党和政府联系人民群众的重要渠道，是人民群众行使民主权利、维护自身权益、参与国家政治、表达利益诉求的重要形式。新中国成立以来，我们党始终非常重视信访工作的开展。在建立社会主义基本制度的历史进程中，我国逐步建立起了信访工作机构和制度。1951年，毛泽东作出重要批示，强调必须重视人民的通信，要给人民来信以恰当的处理，满足群众的正当要求，要把这件事看成是共产党和人民政府加强与人民联系的一种方法。刘少奇也特别重视信访工作，把信访工作看作是密切党群关系的重要途径，任何轻视信访工作的态度都是错误的。他指出："党和国家的一切机关，都应该密切联系群众，严肃地处理关系广大群众利益的问题，认真地对待人民群众的来信、来访。有的同志，对于群众向党、向中央反映情况，不看作是党和群众之间的一种必要的联系，而看作

---

① 《毛泽东选集》第3卷，人民出版社1991年版，第899页。

是告自己的状，这是极端错误的。"①党的十一届三中全会后，许多干部群众纷纷写信或上访，要求平反冤假错案、落实政策，对此，邓小平作出重要批示，中央成立了中央机关处理上访问题领导小组，在全国开展处理上访问题活动，解决了大量历史遗留问题。1982年，中央下发了《党政机关信访工作暂行条例》，初步将信访工作纳入制度化、规范化轨道。随着改革的深化和利益格局的调整，我国已进入改革发展的关键时期，信访工作也遇到了许多新情况、新矛盾、新问题，社会矛盾增加，热点、难点、焦点问题增多。对此，习近平总书记强调："当前群众通过信访渠道反映出来的信访突出问题，既有新动向，也有老难题，但都事关群众切身利益，事关社会和谐稳定。各地各部门要高度重视，强化责任担当，综合运用法律、政策、经济、行政等手段和教育、调解、疏导等办法，把群众合理合法的利益诉求解决好。"②这也为做好当前的信访工作指明了方向，提供了遵循。

做好信访工作，要摸清群众愿望和诉求。列宁曾经深刻指出，在人民群众中，我们到底是沧海一粟。只有我们正确地表现人民所意识的东西时，我们才能管理。"民之所盼，政之所向。"信访工作是党和政府联系人民群众的桥梁纽带，是全面了解群众所思所想所盼的重要方式，是我们党牢固树立和自觉实践以人为本、执政为民理念的体现。随着经济社会不断发展，诉求日益多样化，群众通过信访渠道反映出来的信访突出问题，既有新动向，也有老难题，但

---

① 中共中央文献研究室：《文献和研究（1983年汇编本）》，人民出版社1984年版，第129页。
② 《下大气力把信访突出问题处理好 把群众合理合法的利益诉求解决好》，《人民日报》2016年4月22日。

都事关群众切身利益，事关社会和谐稳定。这就要求广大党员干部坚持工作重心下移，经常深入实际、深入基层、深入群众，通过信访渠道真诚倾听群众呼声，真实反映群众愿望，真情关心群众疾苦，拜群众为师，坚持问政于民、问需于民、问计于民，尊重人民主体地位，尊重人民首创精神，尊重人民的创新实践，从群众的实践中汲取营养、增长智慧，寻找破解各种发展难题的思路和方案；要真诚倾听群众呼声，真实反映群众愿望，真情关心群众疾苦，依法保障人民群众经济、政治、文化、社会等各项权益，做到知民情、解民忧、暖民心，切实办好顺民意、解民忧、惠民生的实事，不断提高新形势下做好群众工作的本领。正如2007年时任上海市委书记的习近平在市信访工作会议上曾明确强调的那样，要牢固树立"情为民所系，权为民所用，利为民所谋"的思想，进一步转变工作作风，各级领导干部要主动沉下去，到信访矛盾突出的地方接待群众，到信访工作比较薄弱的地方现场办公，推动工作重心下移，切实解决一批信访问题，为基层起好示范带头作用。

做好信访工作，要找到工作差距和不足。信访工作不仅是广大党员干部了解掌握群众急难愁盼的重要途径，而且也是党员干部反思自身工作所欠缺之处的一面"镜子"。针对人民群众愿望和诉求，党员干部要在守初心、担使命的基础上查检自身工作与人民需要之间的差距和不足。习近平总书记强调："要以'君子检身，常若有过'的态度来检视发现自身不足，做到知耻而后勇。"①当前，广大

---

① 习近平：《牢记初心使命，推进自我革命》，《求是》2019年第15期。

党员干部要继续坚持高标准，对照党的新目标及人民的新期待，找到自身的实际工作与人民的需要之间的偏差，找到自身在群众感情、群众观点等方面的差距，找到自己在思想作风、政治觉悟、道德修养之间的差距，明确自身奋斗的方向目标从而进行整改。党员干部若不能明确认识到自身工作与人民需要之间的差距，就会陷入迷茫从而丧失方向，就会失去奋斗的动力，甚至远离人民群众，更有甚者会直接高居群众之上，唯我独尊，"四风问题"就会产生，群众基础就会动摇。党员干部的工作与人民的愿望和诉求之间的差距的判断，要将"把人民拥护不拥护、赞成不赞成、高兴不高兴、答应不答应作为衡量一切工作得失的根本标准，使我们党始终拥有不竭的力量源泉"①，否则，"人民对美好生活的向往就是我们的奋斗目标"这句话就会沦为形式。

做好信访工作，要举一反三，加以改进，更好为群众服务。信访工作可以说是社会和谐的"晴雨表"、政策实施的"风向标"和经济发展的"调节器"，关系着党和政府的形象，也关系着人民群众的切身利益。信访工作素称"天下第一难"，涉及人民群众方方面面的利益要求，迫切需要通过创新工作思路来加以改善。

做好当前和今后一个时期的信访工作，要注意把握好一些原则要求。一是加强源头预防。习近平总书记强调，要切实依法及时就地解决群众合理诉求，注重源头预防，夯实基层基础，加强法治建设，健全化解机制，不断增强工作的前瞻性、系统性、针对性，真

---

① 《习近平谈治国理政》第2卷，外文出版社2017年版，第40页。

正把解决信访问题的过程作为践行党的群众路线、做好群众工作的过程。党员干部要关心解决人民群众反映强烈的重大民生问题，保障群众合法权益，从根本上减少矛盾纠纷的发生。二是坚持依法信访。大力宣传《中华人民共和国信访条例》等国家法律法规、党的章程，以及信访工作的相关规定，引导群众依法理性有序反映诉求。三是突破疑难个案。对群众信访反映的问题，要做到"件件有着落、事事有回音"。按照"属地管理、分级负责"，"谁主管、谁负责"，"依法、及时、就地解决问题与疏导教育相结合"的信访工作原则，切实把信访突出问题妥善处理在本地区本部门、解决在基层，不能将矛盾和问题推给上级、推向社会。四是健全长效机制。时任浙江省委书记的习近平就强调，逐步建立健全信访和督查工作责任制，完善矛盾纠纷排查调处机制，充分发挥人民调解、行政调解和司法调解的综合作用，做到依法、及时、妥善处理各类人民内部矛盾。党员干部要明确责任，加强协调，整合各种资源，形成做好信访工作的强大合力。

信访工作也要根据社会条件的变化，进行方法上的创新。一是疏通诉求表达渠道。通过开通信访绿色邮政、专线电话、网上信访等多种渠道，引导群众更多地以书信、传真、电子邮件等书面形式表达诉求，确保民情、民意、民智顺畅上达。二是完善领导干部接访制度。认真坚持党政领导干部阅批群众来信、定期接待群众来访、带案下访和包案处理信访问题等制度。完善党政领导干部和党代会代表、人大代表、政协委员联系信访群众制度，拓宽社情民意表达渠道。三是及时排查。对涉访人员、涉访事项，及时跟踪了解，分门别类地加以监测分析，并报告有关情况。四是加大督查工作力度。配齐配强督查力量，建立和完善信访督查专员制度，确保信访工作决策部署得到贯彻落实，推动群众信访问题得到妥善解决。

五、要学网、懂网、用网

坚持群众观念和群众路线，做好群众工作，是新的历史条件下应对国内外各种风险和挑战，全面建设社会主义现代化国家，实现中华民族伟大复兴的必然要求。我们党发展的历史经验和教训都深刻表明，党的最大政治优势是密切联系群众，党执政后的最大危险是脱离群众。当前，面对社会生活的新变化和群众工作的新特点，做好新形势下党的群众工作，就必须认真研究新形势下党的群众工作提出的新要求，在努力运用既有方法的同时，大胆创新，积极探索群众工作的新形式、新思路，总结新方法、新经验，为党的各项方针政策的贯彻落实打下坚实的群众基础。当前，在网络时代背景下，通过互联网平台走群众路线，已成为新时期贯彻党的群众路线的重要方式。习近平总书记多次强调："各级领导干部特别是高级干部要主动适应信息化要求、强化互联网思维，善于学习和运用互联网。"[1]党的十九届四中全会强调："创新互联网时代群众工作机制，始终做到为了群众、相信群众、依靠群众、引领群众，深入群众、深入基层。"[2]这些要求都凸显了互联网在创新群众工作方式、走好

[1] 习近平：《加快推动媒体融合发展 构建全媒体传播格局》，《求是》2019年第6期。
[2] 《中国共产党第十九届中央委员会第四次全体会议文件汇编》，人民出版社2019年版，第26页。

群众路线中的重要作用。

党的十八大以来，习近平总书记多次就互联网发展和领导干部学网、懂网、用网发表重要讲话，从"网上网下要形成同心圆"①"各级党政机关和领导干部要学会通过网络走群众路线"②，到"网信事业发展必须贯彻以人民为中心的发展思想，把增进人民福祉作为信息化发展的出发点和落脚点"③，谆谆教诲，语重心长，既看到了时代发展的大势所趋，充满了前瞻性，又贴近社会发展实际，讲究实效"接地气"。在2022年春季学期中央党校（国家行政学院）中青年干部培训班开班式上，习近平总书记再次强调领导干部学网、懂网、用网在新时期贯彻党的群众路线的重要意义，再次把领导干部的互联网素养提到了重要位置，这既是对新时代领导干部的明确要求，也是对党的群众路线理论的丰富和发展。

通过学网、懂网、用网，了解群众所思所愿。计算机、互联网等现代科技的发展，为党员干部联系群众、及时了解群众所思所愿提供了便利。数据显示，截至2021年12月，我国网民规模达10.32亿人，互联网普及率达73.0%。这就意味着，善于运用网络了解民意、开展工作，是新形势下领导干部做好工作的基本功。习近平总书记指出："我们必须坚持以立为本、立破并举，不断增强社会主义意识形态的凝聚力和引领力。我们必须科学认识网络传播规律，提高用网

---

① 《习近平谈治国理政》第2卷，外文出版社2017年版，第335页。
② 《习近平谈治国理政》第2卷，外文出版社2017年版，第336页。
③ 《敏锐抓住信息化发展历史机遇　自主创新推进网络强国建设》，《人民日报》2018年4月21日。

治网水平，使互联网这个最大变量变成事业发展的最大增量。"①近年来，国务院开通"互联网+督查"平台公开征集问题线索，各地区各部门也都纷纷上线政务服务平台，互联网日益成为广大党员干部同群众交流沟通的新平台，了解群众、贴近群众的新途径。

群众路线是我们党的生命线和根本工作路线。不管环境如何变化、技术如何进步，为人民服务的根本宗旨不会变，听民声、察民情、汇民智、解民忧的目标没有变，贯彻党的群众路线的要求不能变。习近平总书记强调："网民来自老百姓，老百姓上了网，民意也就上了网。群众在哪儿，我们的领导干部就要到哪儿去。"②广大党员干部要主动触网、自觉学网、熟练用网、经常上网，建设纵向贯通各级党委、横向延伸到群众工作各部门的信息网络平台，实现群众工作的资源整合与共享；建设群众工作电子政务系统、电子监察系统、舆论监督系统，增强群众工作的针对性和有效性；把党的群众路线真正落实到网络时代的群众工作中去，把广大网民的意见、建议和智慧转化为治国理政的宝贵资源。这是提升党员干部素质能力的必然要求，也是满足人民群众所思所愿的必由之路。

通过学网、懂网、用网，收集好想法好建议。"知屋漏者在宇下，知政失者在草野。"群众的实践是最丰富最生动的实践，群众中蕴藏着巨大的智慧和力量。我们党历来善于从群众中汲取智慧。例如，在"十四五"规划编制工作过程中开展网上意见征求活动，累

---

① 《举旗帜聚民心育新人兴文化展形象 更好完成新形势下宣传思想工作使命任务》，《人民日报》2018年8月22日。
② 习近平：《在网络安全和信息化工作座谈会上的讲话》（2016年4月19日），人民出版社2016年版，第7页。

计收到网民建言超过101.8万条，为做好"十四五"规划编制工作提供了有益参考。这就启示广大党员干部要深刻认识到，互联网因其方便、快捷、低门槛的特点，已经成为群众反映民生诉求的便捷途径，已经成为群众意见表达的最大平台、热点难点问题的集散地、党和政府联系群众服务群众的重要纽带和渠道。因此，党员干部要进一步拓展社情民意反映渠道，充分利用互联网优势，发挥互联网在倾听人民呼声、汇聚人民智慧方面的作用，积极听取群众意见建议，及时研究办理并予以回复，更好地集思广益、凝心聚力，将群众路线走深走实。

通过学网、懂网、用网，积极回应网民关切。当前，在信息化深入发展的条件下，不少矛盾本身就是借助于网络扩散的，普通社会成员如果无法通过有效途径与渠道表达诉求、得到回应，不仅有减弱党和政府了解民情民意的可能性，而且也很容易因此激发普通群众的逆反心态，使许多本来可能发生的矛盾与问题转化为必然会发生的矛盾与问题、本来容易解决的矛盾与问题转化为极其棘手的矛盾与问题，这就可能出现与坚持人民主体地位要求相背离的情形。在这一背景下，随着现代信息与网络社会的深入发展，广大党员干部必须与时俱进，善于运用网络等新的手段处理矛盾。对此，习近平总书记强调："要多一些包容和耐心，对建设性意见要及时吸纳，对困难要及时帮助，对不了解情况的要及时宣介，对模糊认识要及时廓清，对怨气怨言要及时化解，对错误看法要及时引导和纠正，让互联网成为了解群众、贴近群众、为群众排忧解难的新途径，成为发扬人民民主、接受人民监督的新渠道。"① 也就是说，广大党员干部需要通过网络来了解相关情况，通过网络信息的传播来做好解释工作，及时发布相关信息，使处理矛盾的措施在短时间内发挥最大作用。同时，要高度关注新业态发展，坚持网上网下结合，做好新就业群体的思想引导和凝聚服务工作。正如习近平总书记所强调的："各级领导干部特别是高级干部，如果不懂互联网、不善于运用互联网，就无法有效开展工作。各级领导干部要学网、懂网、用网，积极谋划、推动、引导互联网发展。"②

延伸阅读

1. 毛泽东：《关心群众生活，注意工作方法》，载《毛泽东选集》第1卷，人民出版社1991年版，第139页。

2.《中共中央关于党的百年奋斗重大成就和历史经验的决议》，《人民日报》2021年11月17日。

深度思考

1. 如何保持与人民的血肉联系？

2. 联系实际，谈一谈如何通过学网、懂网、用网做好群众工作？

---

① 习近平：《在网络安全和信息化工作座谈会上的讲话》（2016年4月19日），人民出版社2016年版，第8页。

② 《加快推进网络信息技术自主创新 朝着建设网络强国目标不懈努力》，《人民日报》2016年10月10日。

　　3. 结合自己的工作实际，谈谈对习近平这段话的理解："学习马克思，就要学习和实践马克思主义关于坚守人民立场的思想。人民性是马克思主义最鲜明的品格。马克思说，'历史活动是群众的活动'。让人民获得解放是马克思毕生的追求。我们要始终把人民立场作为根本立场，把为人民谋幸福作为根本使命，坚持全心全意为人民服务的根本宗旨，贯彻群众路线，尊重人民主体地位和首创精神，始终保持同人民群众的血肉联系，凝聚起众志成城的磅礴力量，团结带领人民共同创造历史伟业。这是尊重历史规律的必然选择，是共产党人不忘初心、牢记使命的自觉担当。"

后　记

　　党员干部是党的事业骨干，党员干部成长成才是关乎党的命运、国家命运、民族命运、人民福祉的百年大计。为帮助广大党员干部适应新时代中国特色社会主义发展要求，理解和掌握新时代要做什么样的干部、如何做优秀党员干部的要求，我们组织编写了本书。

　　中共中央党校（国家行政学院）哲学教研部副主任董振华教授担任主编，负责全书的提纲和总体框架的设计，陈骊骊和王莹担任副主编，协助主编做了大量的组稿和统稿工作。中共中央党校（国家行政学院）、著名高校和理论宣传部门一批从事理论研究的优秀青年学者共同参与资料整理和编写工作，主要人员有（按姓氏笔画排序）：王曼、王会方、王宜科、田坤、刘仁、刘金香、刘淑琪、杨华英、谷耀宝、张恺、陈云芝、赵鹏璞、胡雨晗、徐国旺、徐瑞坤、翁玮峤、赖明明。由于书中涉及的问题关键、内容丰富、范围广泛，在编写过程中，我们广泛听取了各方面专家学者的意见和建议，他们无论从材料的提供、选择，还是研究的角度、思路等方面都提出了宝贵的意见；编写过程中也参考了中央及地方各主流媒体的一些理论文章，在此一并致谢！

由于本书涉及方面相当广泛，需要相当深厚的理论功底和坚实的实践认识作为支撑，而我们的水平和能力有限，不当之处在所难免，恳请读者和有关专家不吝指教！

董振华

2022年3月